AF571653

GUERRIERS D'IRAN

Traductions annotées des textes avestiques du culte zoroastrien rendu aux dieux Tištriya, Miθra et Vr̥θragna

Reproductions de la couverture :
la déesse KUBABA (V. Tchernychev)
Au commencement (J.M. Lartigaud)

Avec la collaboration artistique de Jean-Michel Lartigaud, et de Vladimir Tchernychev

Ce volume a été imprimé par

www.librairieharmattan.com
diffusion.harmattan@wanadoo.fr
harmattan1@wanadoo.fr

ISBN : 2-296-00333-8
EAN : 9782296003330

Collection KUBABA
Série Antiquité VIII

Éric PIRART

GUERRIERS D'IRAN

Traductions annotées des textes avestiques du culte zoroastrien rendu aux dieux Tištriya, Miθra et Vr̥̊θragna

Association KUBABA, Université de Paris I,
Panthéon – Sorbonne,
12 Place du Panthéon 75231 Paris CEDEX 05

L'Harmattan
5-7, rue de l'École-Polytechnique ; 75005 Paris
FRANCE

L'Harmattan Hongrie
Könyvesbolt
Kossuth L. u. 14-16
1053 Budapest

Espace L'Harmattan Kinshasa
Fac..des Sc. Sociales, Pol. et
Adm. ; BP243, KIN XI
Université de Kinshasa – RDC

L'Harmattan Italia
Via Degli Artisti, 15
10124 Torino
ITALIE

L'Harmattan Burkina Faso
1200 logements villa 96
12B2260
Ouagadougou 12

Du même auteur

Les textes vieil-avestiques, 3 volumes, Reichert, Wiesbaden, 1988-1990-1991 [en collaboration avec Jean Kellens].

Kayân Yasn (Yasht 19.9-96). L'origine avestique des dynasties mythiques d'Iran (Aula Orientalis-Supplementa, 2), Ausa, Sabadell, 1992.

Les Nāsatya, deux volumes parus (Bibliothèque de la Faculté de Philosophie et Lettres de l'Université de Liège, fascicules 261 et 280), Droz, Genève, 1995 et 2000.

L'éloge mazdéen de l'ivresse. Édition, traduction et commentaire du Hōm Stōd (Collection Kubaba. Série Antiquité, 4), L'Harmattan, Paris, 2004.

Bibliothèque Kubaba (sélection)
http://kubaba.univ-paris1.fr/

Cahiers Kubaba
Barbares et civilisés dans l'Antiquité

Collection Kubaba
Série Antiquité
Suppiluliuma et la reine d'Egypte. Histoire d'un mariage manqué, Jacques Freu
Mélanges Lebrun, éd. Mazoyer et Casabonne
Les Mutilations des ennemis chez les Celtes préchrétiens, Claude Sterckx

Série Monde moderne, Monde contemporain
L'enseignement de l'Histoire en Russie, Annie Tchernychev
Le Lys, Poème marial islandais, Eysteinn Ásgrímsson, présentation et traduction de Patrick Guelpa

Série Actes
(Ed. Mazoyer, Pérez, Malbran-Labat, Lebrun)
L'arbre, symbole et réalité, Actes des 1ères Journées universitaires de Hérisson, Hérisson, juin, 2002

La Fête dans l'Antiquité, la rencontre des dieux et des hommes
La Fête, de la transgression à l'intégration
Actes du colloque sur la fête, la rencontre du sacré et du profane, Deuxième Colloque international de Paris, organisé par les *Cahiers Kubaba* et l'Institut catholique de Paris, Paris, décembre, 2000, Paris (2 volumes)

Série éclectique
Sueurs ocres, Elie Lobermann

BIBLIOGRAPHIE ORIENTATIVE

Généralités

Albert de Jong, *Traditions of the Magi. Zoroastrianism in Greek and Latin Literature*, Leiden, 1997.

Jean Kellens, «Considérations sur l'histoire de l'Avesta", Journal Asiatique, Paris, 1998, 451-519.

Éric Pirart, «Le mazdéisme politique de Darius Ier», Indo-Iranian Journal, Dordrecht, 2002, 121-151.

Michael Stausberg, *Die Religion Zarathushtras. Geschichte — Gegenwart — Rituale*, 3 vol., Stuttgart, 2002.

Dictionnaire

Christian Bartholomae, *Altiranisches Wörterbuch*, Straßburg, 1904.

Grammaires

Karl Hoffmann & Bernhard Forssman, *Avestische Laut- und Flexionslehre*, Innsbruck, 1996.

Javier Martínez & Michiel de Vaan, *Introducción al avéstico*, Madrid, 2001.

Éric Pirart, «Anomalies grammaticales avestiques», Journal Asiatique, Paris, 369-409.

Éditions

James Darmesteter, «Traductions indigènes des Yashts», dans J. Darmesteter, *Études iraniennes*, Paris, 1883, 253-343.

Karl Friedrich Geldner, *Avesta. The sacred books of the Parsis*, 3 vol., Stuttgart, 1886-1896.

Manuscrit F1

Kaikhusroo M. JamaspAsa, *The Avesta Codex F 1*

(Niyāyišns and Yašts). Facsimile Edition with an Introduction, Wiesbaden, 1991.

Traductions générales

James Darmesteter, *Le Zend-Avesta*, 3 vol., Paris, 1892-1893.

Fritz Wolff, *Avesta: die heiligen Bücher der Parsen, übersetzt auf der Grundlage von Chr. Bartholomae's altiranischem Wörterbuch*, Straßburg, 1910.

Traductions et études récentes des Yašt ou de textes apparentés

Keyvan Dehghan, *Der Awesta-Text Srōš Yašt (Yasna 57) mit Pahlavi- und Sanskritübersetzung*, München, 1982.

Ilya Gershevitch, *The Avestan Hymn to Mithra*, Cambridge, 1959.

Almut Hintze, *Der Zamyād-Yašt. Edition, Übersetzung, Kommentar*, Wiesbaden, 1994.

Helmut Humbach & Pallan R. Ichaporia, *Zamyād Yasht. Yasht 19 of the Younger Avesta. Text, Translation, Commentary*, Wiesbaden, 1998.

Jean Kellens, «De la naissance des montagnes à la fin des temps: le Yašt 19», Annuaire du Collège de France. Résumé des cours et travaux, Paris, 1997-1998, 737-764.

Jean Kellens, «Promenade dans les Yašts à la lumière de travaux récents», Annuaire du Collège de France. Résumé des cours et travaux, Paris, 1998-1999, 685-704; 1999-2000, 721-751.

G. Kreyenbroek, *Sraoša in the Zoroastrian Tradition*, Leiden, 1985.

F.-Th. Lankarany, *Daēnā im Avesta. Eine semantische Untersuchung*, Reinbek, 1985.

Antonio Panaino, *Tištrya*, 2 vol., Roma, 1990-1995.

Éric Pirart, «Les métamorphoses de Vr̥thragna», Journal Asiatique, Paris, 1999, 465-522.

Éric Pirart, «Commentaire sur le Haftān Yašt», Journal Asiatique, Paris, 2002, 19-30.

Éric Pirart, «Estudio sobre el Hordād Yašt», Boletín de la Asociación Española de Orientalistas, Madrid, 2002, 209-222.

Éric Pirart, «Les parties étiologiques de l'Ardvīsūr Bānūg Yašt et les noms de la grande déesse iranienne», Indo-Iranian Journal, Dordrecht, 2003, 199-222.

Éric Pirart, «L'Ardvahišt Yašt. Présentation, traduction, commentaire et notes», Journal Asiatique, Paris, 2003, 97-136.

Éric Pirart, *L'éloge mazdéen de l'ivresse. Édition, traduction et commentaire du Hōm Stōd*, Paris, 2004.

Andrea Piras, *Hādōxt Nask 2. Il racconto zoroastriano della sorte dell'anima. Edizione critica del testo avestico e pahlavi, traduzione e commento*, Roma, 2000.

Zahra Taraf, *Der Awesta-Text Niyāyiš mit Pahlavi- und Sanskritübersetzung*, München, 1981.

Le panthéon vieil-avestique

Jean Kellens, *Le panthéon de l'Avesta ancien*, Wiesbaden, 1994.

ABRÉVIATIONS

Véd. = védique.

AS = *Atharvavedasaṁhitā* de *Śaunaka*.
Ny = Niyāyišn.
RS = *R̥gvedasaṁhitā* de *Śākalya*.
S = Sīh-rōzag.
V = Vidēvdād.
Vr = Visprad.
Y = Yasna.
Yt = Yašt.

AVERTISSEMENTS

Les mots donnés en translittération (védiques, avestiques, pāzand, etc.) sont en caractères *italiques*; ceux donnés en transcription interprétative (vieil-iraniens, pehlevis, persans, etc.) le sont en caractères romains soulignés sauf dans les traductions ou les tableaux. L'astérisque précède les mots inattestés et les étymons proto-indo-iraniens ou proto-indo-européens. Le système de la transcription interprétative de l'avestique consiste à éluder les effets de la prononciation liturgique médiévale que reproduit l'orthographe pour retrouver ce que devait être la langue originale des textes. Ce système que j'avais déjà utilisé pour l'analyse métrique du Hōm Stōd[1] l'est ici tout simplement pour sa clarté: il épargnera au lecteur d'être confronté à l'extraordinaire complexité de l'orthographe de l'avestique translittéré. Dans ce système, les phonèmes sont les suivants:

a ; ā (a long) ; i ; ī (i long) ; u (comme le français *où*) ; ū (u long) ; r̥ (r̥ voyelle, comme la finale *er* de l'anglais *former*) ; ai (diphtongue brève, comme dans le français *ail*); āi (diphtongue longue) ; au (diphtongue brève, comme *ow* de l'anglais *how*); āu (diphtongue longue) ; k ; x (entre k aspiré et la jota du castillan *ajeno*) ; g (toujours comme dans *gag*) ; c (comme le *ch* du castillan *chiste*) ; j (comme dans l'anglais *John*) ; dj (double j) ; t ; θ (entre t aspiré et interdental) ; d ; p ; f ; b ; n ; m ; y ; v (comme le *w* de l'anglais *to win*) ; s ; z (sifflante sonore) ; š (chuintante sourde) ; ž (chuintante sonore); h (comme dans l'anglais *how*).

Le texte avestique correspondant aux traductions, son lexique et les notes grammaticales qui rendent compte des nouveautés et des divergences par rapport aux derniers travaux[2]

---

[1] É. Pirart, *L'éloge mazdéen de l'ivresse. Édition, traduction et commentaire du Hōm Stōd*, Paris, 2004.

[2] Il s'agit essentiellement des travaux suivants: Antonio Panaino, *Tištrya*, 2 vol., Rome, 1990-1995; Ilya Gershevitch, *The Avestan Hymn to*

ont été réservés pour une autre publication. Dans les traductions, j'ai souvent apporté aux paragraphes des subdivisions qui sont de mon cru. Derrière le numéro des paragraphes des textes ou de leurs subdivisions figurent entre parenthèses les renvois à leurs éventuels parallèles. Les parenthèses entourent les mots qui sont ajoutés pour la compréhension; les crochets obliques, ceux qui sont à suppléer; les crochets droits, ceux qui sont à considérer comme des interpolations; les crochets droits en gras, les titres que je donne aux différentes parties des textes.

Mithra, Cambridge, 1967; divers articles dont ceux que Jean Kellens et moi-même avons donnés notamment au Journal Asiatique (Paris).

INTRODUCTION

1. Le panthéon mazdéen

1.1. Thèse, antithèse et synthèse ?

Nommée «mazdéisme» pour être celle des adorateurs du dieu Ahura Mazdā, «zoroastrisme» pour avoir été mise au point par Zoroastre, «parsisme» du nom des Parsis qui de Perse l'importèrent en Inde suite à la conquête musulmane de l'Iran, la vieille religion iranienne plonge ses racines dans un passé en bonne partie proto-indo-européen, mais les étapes de l'évolution qui fit passer de vieux schèmes de pensée proto-indo-européenne dans la vieille religion iranienne nous échappent largement et ont fait l'objet de conjectures diverses et de discussions enflammées. Le manque de données pousse souvent à échafauder des théories et à formuler des convictions. Ce fut d'autant plus le cas concernant les origines et la prime évolution de la vieille obédience iranienne qu'elle parut préfigurer le monothéisme moyen-oriental (judaïsme, christianisme, islam) aux yeux des premiers savants occidentaux, lesquels ne purent d'abord y avoir accès que par l'intermédiaire des philosophes et historiens de l'Antiquité classique. La découverte des textes vieil-iraniens et moyen-iraniens dans lesquels force fut de constater la multiplicité divine contredisait l'idée que Zoroastre avait été l'inventeur du monothéisme, mais les savants se sont alors ingéniés à démontrer que le polythéisme des textes était le fruit d'un retour partiel à un état de choses antérieur à la réflexion de celui que l'on tenait pour un prophète. C'est que, parmi les textes vieil-iraniens, il a été vu qu'un court ensemble, les Gāθā, était linguistiquement bien plus ancien que le reste, que Zoroastre, Zaraduštra de son nom original, y était nommé de nombreuses fois et que seules certaines divinités fort abstraites y étaient mentionnées à côté du grand dieu Ahura Mazdā. Il fut ainsi possible d'avancer que se trouvait là le reflet le plus fidèle de ce qu'avait dû être primitivement la pensée de Zoroastre, une sorte de monothéisme dans lequel certains aspects du grand dieu pouvait apparaître sous forme d'hypostases à peine personnifiées. Le vieux panthéon des *Véda* de l'Inde, à partager nombre de théonymes avec les textes iraniens moins archaïques, fut alors vu comme l'héritier fidèle d'une préhistoire indo-iranienne commune tandis que l'Iran aurait opéré un retour partiel à cet héritage préhistorique pour l'amalgamer avec les idées nouvelles de Zoroastre qui s'en était détourné et avait pourtant fait des anciens dieux une catégorie d'êtres réprouvés. Ceci a pu être décrit à l'aide du schéma dialectique de la thèse, de l'antithèse et de la synthèse: la thèse serait un système polythéiste proto-indo-iranien, reflété assez fidèlement par les plus vieux textes indiens; l'antithèse, le système monothéiste né de la réflexion zoroastrienne connue par un court ensemble de textes archaïques; la synthèse, le système religieux que véhiculent les autres textes vieil-iraniens, polythéiste, mais fortement dominé par la figure du grand dieu Ahura Mazdā. Tout ceci n'est que spéculation, et l'examen attentif des Gāθā oblige à revoir cette description de l'évolution religieuse des anciens Iraniens: l'idée crispée d'un dieu unique n'y est exprimée nulle part ; plusieurs dieux non abstraits y sont mentionnés, à commencer par Ātr̥, le feu rituel donné pour le fils d'Ahura Mazdā; on y trouve, certes dans un emploi non théonymique, le mot *miθra-* «échange», dont les textes ultérieurs font la désignation d'un dieu important, homologue du védique *Mitrá*. En effet, si Zoroastre avait rejeté le **Mitrá* proto-indo-iranien pour en faire un démon comme il devait avoir réprouvé l'adoration du dieu **Índra* puisque certains textes iraniens connaissent un démon de ce nom, comment, dès lors, pouvait-il conserver, de bonne part, l'usage du mot comme nom commun? Si une transformation du système religieux des Iraniens doit être imputée à Zoroastre, ce n'est donc pas exactement celle du passage du polythéisme au monothéisme.

Il faut encore verser au dossier de ce débat le fait que d'autres peuples indo-iraniens partageaient avec les Iraniens d'Iran d'adorer un même panthéon. Les Scythes d'Hérodote honoraient plusieurs divinités sous la graphie grecque des noms desquelles, plusieurs fois, nous pouvons reconnaître les désignations précises qu'elles reçoivent dans le mazdéisme. Les Scythes orientaux ou Saces devaient eux aussi honorer Ahura Mazdā si le nom de ce grand dieu se retrouve en khotanais bouddhique comme désignation courante du Soleil. Il n'est donc pas certain que le mazdéisme n'ait été que purement iranien d'Iran. La présence du «chameau» (uštra) dans le nom de Zoroastre, Zaraduštra «celui qui a de vieux chameaux», est une indication précieuse: comme les Scythes du nord de la Mer Noire ne connaissaient pas le chameau et que leur système religieux devait s'apparenter à celui du mazdéisme, il se pourrait bien que Zoroastre ne fût pas l'auteur de la grande transformation religieuse qui aurait caractérisé le monde iranien. De fait, la figure de Zoroastre n'est pas unique dans le monde indo-iranien non indien et doit donc être relativisée: les Gètes, à l'ouest des Scythes, se revendiquaient d'un certain Zalmoxis[3]. Dès lors, faut-il faire de Zoroastre un chef de file dont l'autorité n'allait s'exercer que sur certaines tribus et qui n'aurait fait que réactualiser un système lui préexistant et déjà différent de celui des textes védiques? Dans l'affirmative, les différences que nous enregistrons entre mazdéisme et védisme seraient non le résultat d'un changement iranien face à un conservatisme indien, mais caractéristiques de la division en deux branches: le mazdéisme caractérisait, disons: depuis toujours, la branche iranienne; le védisme, l'indienne. Dès lors, les données iraniennes seraient tout aussi dignes de considération que les indiennes pour qui veut se faire une idée du système religieux proto-indo-iranien, à supposer qu'il fut homogène et unitaire. Le mazdéisme serait ainsi à mettre sur le même pied que le védisme dans le cadre du comparatisme indo-iranien ou même que l'orphisme ou le druidisme à l'intérieur de la comparaison indo-européenne.

Un autre écueil est à mentionner dans l'étude de l'évolution du système religieux des Iraniens d'Iran: les différences qui existent dans la taille des documents permettent-elles de juger correctement de cette évolution? Les Gāθā sont peu de chose face au reste des textes vieil-iraniens, et

[3] Ou *Sálmoxis* (Hérodote IV 94-95).

ceux-ci, à leur tour, bien moins longs que les documents mazdéens moyen-iraniens (rédigés pour la plupart en moyen perse ou pehlevi). Dans ces conditions, peut-on sérieusement parler d'évolution si telle strate contient une donnée absente de l'antérieure? Car, à ma connaissance, aucun texte ne livre de données cruciales qui iraient à l'encontre de données fournies par d'autres. Tout se présente comme si telle donnée complétait telle autre. À mes yeux, dans l'état actuel de nos connaissances et dans celui de notre documentation, il est impossible de constater sainement ou de démontrer clairement l'existence de quelque évolution significative que ce soit dans les conceptions mazdéennes entre les Gāθā et les livres pehlevis. Tout au plus peut-on çà et là parler de mécompréhension négligeable ou d'ignorance sans grande portée concernant une donnée plus ancienne.

Aux incertitudes qui entourent l'évolution du mazdéisme, il faut ajouter celles qui concernent la personne de Zoroastre: quand et où aurait-il vécu? Les textes vieil-iraniens ne contiennent aucune donnée chronologique ou historique. Quant aux indications géographiques et ethniques, elles sont trop maigres, trop vagues ou encore bien obscures. Les grandes nations iraniennes qui firent l'histoire de l'Iran (Scythes, Mèdes, Perses, Parthes) sont absentes des textes en question tandis que, dans le meilleur des cas, il serait possible d'y repérer les Sarmates (Sarima) et les Gètes orientaux (Dāha)[4]. L'auteur des textes vieil-iraniens n'appartenant pas à la strate la plus archaïque donne Zaraduštra et se donne lui-même pour des Arya, ce qui est une indication ethnique désespérément vague et imprécise. Les seuls pays reconnaissables y sont celui de

[4] Les principaux grands ensembles indo-iraniens de l'Antiquité sont les suivants: les Gètes occidentaux (Daces, Thyssagètes, etc.), les Scythes occidentaux (au nord de la Mer Noire), les Sarmates (au nord du Caucase et de la Caspienne), les Gètes orientaux (Massagètes, Derbices, etc., à l'est de la Caspienne), les Scythes orientaux ou Saces (depuis les régions situées au nord de la Sogdiane jusqu'au bassin du Tarim), les Iraniens du plateau d'Iran et ceux de la proche Asie centrale (Mèdes, Sogdiens, etc.), les *Ārya* du bassin indo-gangétique.

Ragā (= l'actuelle Ray dans la banlieue de Téhéran), que l'inscription achéménide de Bīsotūn donne pour mède, ceux des alentours du Hindukuš et de l'Asie Centrale qui se situent entre les fleuves Iaxarte et Indus[5], mais, pour ajouter à notre perplexité, la langue originale de ces textes vieil-iraniens ne dérive pas exactement de celle des Gāθā. Nous ne pouvons savoir de quelle tribu iranienne le gâthique[6] était le dialecte: son haut degré d'archaïsme est tel que pratiquement n'importe quelle tribu iranienne, qu'elle fût d'Iran ou d'ailleurs, aurait pu la parler au début de son parcours. La seule certitude concernant celle des textes vieil-iraniens moins archaïques est que ce n'est pas la même langue que celle des inscriptions achéménides, le vieux perse. Le manque de renseignements concernant l'obédience religieuse des peuples iraniens tant de l'intérieur que de l'extérieur de l'Iran ne facilite pas notre tâche: nous ne pouvons vérifier si les Perses de Cyrus et de Cambyse étaient mazdéens comme ceux de Darius et de Xerxès; les légendes des Ossètes ne contredisent pas formellement l'idée que leurs ancêtres les Sarmates auraient pu être mazdéens; nous connaissons bien mal les doctrines professées par le Gète Zalmoxis; ce qu'Hérodote nous rapporte des croyances et coutumes des Scythes se résume à bien peu de chose. De plus amples informations auraient dû nous permettre de savoir si les Iraniens, de l'intérieur comme de l'extérieur, étaient bien tous mazdéens et si, dans l'affirmative, les mazdéens de Zoroastre se distinguaient ou non des autres par quelques traits doctrinaux d'importance.

L'idée d'un retour partiel à une religion réprouvée ou honnie de Zaraduštra peut achopper aussi sur un point purement mythologique: les divinités proto-iraniennes que la synthèse aurait récupérées tel Miθra ou celles qui auraient été irrémédiablement réduites au rang de démons ne portaient pas toujours les mêmes noms que dans l'Inde védique, et, même si

---

[5] Principalement le pays de l'Iaxarte, la Chorasmie, la Sogdiane, la Margiane, la Bactriane, l'Ariane, l'Arachosie, la Gandarie, les montagnes du Hindukuš, le pays des Sept Rivières (= Penjab) et l'Inde (= vallée de l'Indus).

[6] Conventionnellement appelé aussi «vieil avestique».

ces divinités et démons portaient de mêmes noms, leurs homologues védiques ne fonctionnent pas toujours de la même façon. Les divergences mythologiques sont suffisamment profondes entre l'Inde védique et le monde proto-iranien pour que nous supposions que la séparation du groupe indo-iranien en deux branches principales, l'iranienne et l'indienne, devait déjà être fortement en germe à l'époque de leur prétendue vie commune. Elles sont suffisamment profondes aussi pour que nous puissions ranger parmi elles et sur un même pied celles qui sont, à mes yeux trop facilement, attribuées à la prétendue «réforme» zoroastrienne.

L'idée d'une inversion zoroastrienne des signes en Iran, qui aurait ravalé d'anciens dieux au statut de démons et promu au rang de dieu suprême un **Ásura* indo-iranien en qui les Indiens védiques finirent par voir un démon, ne tient pas compte des cas où une donnée négative iranienne correspond à une donnée négative indienne, des cas, certes plus rares, où une donnée positive iranienne correspond à une donnée négative indienne et surtout des nombreux cas de données dépourvues de toute correspondance.

Il faut encore souligner que l'Inde védique connaît plusieurs strates qui ne sont toujours pas liées génétiquement entre elles. Sans doute les traditions religieuses proto-iranienne et proto-indienne étaient-elles l'une comme l'autre faites de plusieurs branches: en Inde, les doctrines des *Brā́hmaṇa*, lorsqu'elles divergent de celles professées dans les plus vieux hymnes, peuvent parfois correspondre à telle ou telle donnée grecque. Pourquoi les Indiens et les Iraniens auraient-ils été plus homogènes que ne le sont les Grecs chez qui Spartiates, Thébains ou Athéniens ne donnaient pas toujours de mêmes noms à leurs dieux et ne leur connaissaient pas toujours de mêmes aventures mythiques?

Comme on voit, les interrogations et les incertitudes sont nombreuses. C'est la raison pour laquelle je me détourne prudemment de toute spéculation concernant les origines et les évolutions de la religion mazdéenne zoroastrienne pour accepter comme un tout les choses dans l'état où elles apparaissent dans les textes, qu'ils soient rédigés dans le dialecte archaïque, en vieil iranien ou en moyen iranien.

Le *terminus ante quem* du septième siècle avant notre ère pour la datation de la religion mazdéenne zoroastrienne pourrait être fourni par le nom qu'Hérodote donne à l'ancêtre de la dynastie mède, Phraortès, c'est-à-dire Fravr̥ti dans la langue vieil-iranienne originale, pour évoquer la profession de foi mazdéenne zoroastrienne, mais la portée de cette remarque sera nulle si la notion de fravr̥ti qui désigne l'engagement personnel que les adorateurs prennent d'offrir le sacrifice à Ahura Mazdā est à mettre sur le même pied que celle d'ārti, la chance d'avoir un fils, qui, elle, paraît bien exister chez les Scythes. Les hasards de la documentation auraient ainsi gommé la fravr̥ti scythique, mais bel et bien conservé celle d'ārti au nord de la Mer Noire[7].

1.2. Catégories divines et démoniaques

Le mazdéisme zoroastrien connaît plusieurs catégories d'être surnaturels (hant masc. et hatī fém.), les uns bons (vahu masc. ou nt. et vahvī fém.)[8], les autres funestes (aka)[9]. Parmi les Vahu, certains, nommés Yazata, sont le blanc des honneurs sacrificiels tandis que d'autres, les Amr̥ta Spanta, de nature nettement plus abstraite, ne le sont pas, aspects fondamentaux qu'ils sont du processus sacrificiel même par lequel culte est rendu aux Yazata. Le dieu suprême, père de tous les autres, Ahura Mazdā appartient à toutes deux catégories. Il n'est pas exclu que d'autres catégories de Vahu aient existé et que des dieux tels que le feu rituel Ātr̥ ou l'ingrédient premier des libations Hauma, tous deux impliqués physiquement dans la mécanique du rite, aient appartenu à l'une de ces autres catégories. Les Yazata se subdivisent en deux groupes: les Gaiθiya qui sont concrets ou visibles, qui sont parties

---

[7] *Artímpasa*, chez Hérodote.

[8] On dit aussi hant hudāh «être surnaturel auquel il est bon de faire des offrandes».

[9] On dit aussi hant duždāh «être surnaturel auquel il est mauvais de faire des offrandes».

intégrantes des troupeaux (gaiθā) dont le monde est constitué, tels le Soleil, la Lune, les Étoiles, les Plantes, les Rivières, etc., et les Mānyava qui, abstraits et invisibles, relèvent de la bonne opinion (vahu manyu) que les adorateurs se font d'Ahura Mazdā, tels l'Échange (Miθra) que le mazdéen doit favoriser entre les mondes, la Force offensive (Ama) des textes sacrés, la capacité que peuvent montrer les prêtres à commenter les textes (Patipr̥šti), l'Espace libre (Vāyu), etc. Les catégories des Amr̥ta Spanta et des Yazata Mānyava, toutes deux constituées d'entités abstraites (mānyava), ne sont pas bien distinguées l'une de l'autre dans les textes archaïques[10].

Un cas particulier est celui de la Terre (Zam) qui est une Yazatā, mais qui, sous son nom de Spantā Aramati («savante déférence»)[11], est une Amr̥tā Spantā: la déférence que les adorateurs montrent envers les dieux était assimilée à la Terre en ce que celle-ci regarde le ciel: la Terre est avant tout celle des hommes pieux. Il est d'ailleurs possible que les diverses catégories divines aient été perméables: un mythe pehlevi conte comment le Yazata Vr̥θragna avait acquis le statut d'Amr̥ta Spanta.

Parmi les Aka, ceux que le mauvais rituel favorise forment la catégorie des Daiva et ceux qui représentent les aspects de ce mauvais rituel reçoivent le nom catégoriel de Draujana, mais d'autres catégories ou sous-catégories d'êtres surnaturels délétères ou funestes existent qui ne sont pas facilement définissables (les Aji, les Yātu, les Parīkā, les Kayāda, etc.). Le plus important des Aji («serpents») est Dāhaka, le feu du mauvais rituel. La mauvaise opinion (ahra manyu) que les impies peuvent avoir d'Ahura Mazdā explique l'existence de certains Aka qui de ce fait reçoivent l'épithète de mānyava tout comme certains Vahu puisque ceux-ci relèvent aussi d'une opinion, celle que le grand dieu est bon. La mauvaise opinion s'est muée en archidémon: Ahra Manyu,

---

[10] Les textes archaïques, rassemblés au coeur du Yasna, sont les cinq Gāθā (en vers), le Yasna Haptahāti (en prose) et, çà et là, quelques rares phrases isolées. Leur langue reçoit le nom conventionnel de vieil avestique.

[11] Connue aussi du *Véda*: *Arámati Pánīyasī*.

tandis que la bonne, Spanta Manyu, s'est confondue avec Ahura Mazdā[12]. Le panthéon du mazdéisme zoroastrien et le pandémonion qui lui fait face se schématisent donc comme suit:

— les Hant Hudāh / Vahu :
—— Ahura Mazdā (= Spanta Manyu)
—— les Amr̥ta Spanta
—— les Yazata Mānyava et Gaiθiya
—— les ...
—— les ...

— les Hant Duždāh / Aka :
—— Ahra Manyu
—— les Draujana
—— les Daiva
—— les Aji
—— les Yātu, les Parīkā, ...

Je ne sais où placer dans ce tableau les divers génies qui, par exemples, président aux périodes du jour, aux saisons de l'année, aux fêtes, aux séquences rituelles ou aux fonctions sacerdotales[13]. Quant à ceux qui patronnent les jours du mois et les mois de l'année, ce sont curieusement les Amr̥ta Spanta et certains des Yazata sans qu'il soit possible de vérifier s'il est significatif et d'importance que les inscriptions achéménides montrent d'autres noms pour les mois de l'année puisque presque tous ceux-ci, curieusement, y reçoivent un nom qui reste inexpliqué ou dont l'explication est controversée, voire impossible.

---

[12] Sans doute est-ce un fait d'évolution, mais force est de constater que l'ancienne configuration opposant Ahra Manyu à Spanta Manyu, qu'ils soient ou non l'un ou l'autre personnifiés, coexiste jusque dans les livres pehlevis avec celle dans laquelle Ahura Mazdā a remplacé Spanta Manyu.

[13] Ces diverses allégories portent souvent le nom générique de ratu «facteurs d'harmonie»: les différentes fonctions sacerdotales tout comme les différentes saisons de l'année s'ajustent à la perfection, sans empiéter donc l'une sur l'autre ni laisser de vide entre elles.

1.3. Les patrons des jours et des mois

Pour la suite de l'exposé, il est nécessaire de dresser la liste des dieux et déesses patrons des jours du mois et des mois de l'année. Tous les mois de l'année comptaient trente jours répartis en deux septaines et deux huitaines : 7 + 7 + 8 + 8 = 30. Un texte vieil-iranien, le Sīh-rōzag, nous donne avec précision quelle est ou quelles sont les divinités patronnes de chaque jour. Cinq jours épagomènes, nommés d'après les titres des cinq Gāθā, clôturent l'année.

Dans la liste donnée ci-dessous, la divinité qui, dans chaque groupe patron d'un jour, lui donne son nom est mentionnée en gras. J'indique le genre grammatical (masculin, féminin, neutre) de chacune à l'aide d'un exposant (^{m}, ^{f}, ^{n}). Il arrive que la liste répète certaines entrées sans que nous sachions toujours pourquoi.

Les patrons de la première septaine:

— 1. ^{m}**Ahura Mazdā** (= le roi dispensateur de science); les ^{m}Amr̥ta Spanta (= les immortels savants);

— 2. ^{n}**Vahu Manah** (= la pensée bonne, premier des trois niveaux de l'attitude du sacrifiant); ^{f}Āxšti (= la concorde); ^{m}Asna Xratu (= l'intelligence innée); ^{m}Gaušasruta Xratu (= l'intelligence écoutée par l'oreille);

— 3. ^{n}**R̥ta Vahišta** (= l'excellent agencement, l'harmonie); ^{m}Aryaman (= le texte commençant avec le mot «tribu»)[14]; ^{m}Sura (= le matin); ^{f}Saukā (= la mise à feu ou flambée, l'état allumé du feu rituel, la clarté);

— 4. ^{n}**Xšaθra Variya** (= l'influence à exercer sur les dieux); ^{n}Ayah Xšusta (= le métal fondu des ordalies); ^{n}Mr̥ždīka (= la miséricorde);

---

[14] Le dieu Aryaman des textes vieil-iraniens n'a aucun rapport avec son homonyme védique. L'iranien doit son nom au fait d'être un texte dans l'incipit duquel figure le nom commun aryaman «tribu» tandis que le nom du dieu védique *Aryamán* s'explique par le rôle qu'il joue dans les relations que les différents clans composant une tribu entretiennent les uns avec les autres.

— 5. ^{f}**Spantā Aramati** (= la savante déférence); ^{f}Rātā (= la générosité);

— 6. ^{f}**Harvatāt** (= l'exhaustivité ou intégrité); ^{f}Yāriyā Hušiti (= la bonne récolte); ^{m}les deux Sarda (= le règne animal et le règne végétal);

— 7. ^{f}**Amr̥tatāt** (= l'immortalité); ^{f}la prairie et ^{f}le bétail[15]; les énigmatiques ^{m}Aspin («qui dispose de chevaux») et ^{m}Yavin («qui dispose de grain»)[16]; ^{m}Gaukarna (= la plante appelée «oreille de vache», dont le jus appelé Hauma est l'ingrédient principal des libations).

Les patrons de la seconde septaine:

— 8. ^{m}**Dadvah** («instaurateur», = Ahura Mazdā); les ^{m}Amr̥ta Spanta;

— 9. ^{m}**Ātr̥** (= le feu rituel) fils d'Ahura Mazdā; ^{n}Hvarnah (= la capacité de se nourrir et de nourrir autrui sans restriction); ^{n}Savah (= l'opulence que les dieux retirent des sacrifices qui leur sont offerts); le ^{m}Kavi Husravah (= le roi paradigmatique); le lac ^{m}Husravah (= le lac du Kavi Husravah); le mont ^{m}Asanvant («rocheux»); le lac ^{m}Caicasta (= ?); le mont ^{m}Raivant («riche»); les deux Yazata guerriers du feu, ^{m}Parušvarnah («qui dispose de nombreux aliments») et ^{m}Parubaišaza («qui dispose de nombreux remèdes»)[17]; ^{m}tous les feux; ^{m}Nariya Sanha («la définition masculine», dieu messager);

— 10. ^{f}**les Ap** (les rivières ou eaux); ^{f}Ap Anāhītā (= la rivière immaculée ou Voie Lactée); ^{f}toutes les rivières; ^{f}toutes les plantes;

— 11. ^{n}**Huvarxšaita** (= le Soleil);

— 12. $^{n/m}$**Māh** (= la Lune); ^{f}la Fravr̥ti de Gauš-Ruvan (= ^{f}l'engagement de ^{m}l'âme-moi de la ^{f}vache paradigmatique à être mazdéenne zoroastrienne);

---

[15] Donnés en dvandva.

[16] Donnés en dvandva. Sans doute comparables aux *Aśvín* védiques.

[17] Inconnus par ailleurs. Donnés en dvandva.

— 13. l'astre ^{m}**Tištriya**[18] (= Sirius); ^{m}Sātavisa (= Fomalhaut); tous les astres ^{m}Ap-ciθra («possédant la caractéristique des rivières»)[19]; tous les astres ^{m}Zam-ciθra («possédant la caractéristique de la terre»); tous les astres ^{m}Urvarā-ciθra («possédant la caractéristique des plantes»); l'astre ^{m}Vanant (= Véga); les ^{m}Hapta Ringa («les sept marques», = la Grande Ourse);

— 14. ^{m}Gauš-Taxšan (= le ^{m}configurateur de la ^{f}vache paradigmatique); ^{m}**Gauš-Ruvan** (= ^{m}l'âme-moi de la ^{f}vache paradigmatique); ^{f}Druvāspā (= celle qui a des chevaux fixes, déesse énigmatique sans doute liée au pôle du ciel).

Les patrons de la première huitaine:

— 15. ^{m}**Dadvah** (= Ahura Mazdā); les ^{m}Amr̥ta Spanta;

— 16. ^{m}**Miθra** (= l'échange); ^{m}Rāman (= la tranquillité);

— 17. ^{m}**Srauša** (= la déclamation des textes sacrés);

— 18. ^{m}**Rašnu** (= l'orientation donnée à la voix); ^{f}R̥štāt (= la diction continue); ^{m}R̥žugda Vac (= le discours prononcé avec une diction continue);

— 19. ^{f}**les Fravr̥ti des** ^{m}**R̥tavan** (= l'engagement des êtres harmonieux à être mazdéens zoroastriens);

— 20. ^{m}Ama (= la force offensive); ^{m}**Vr̥θragna** (= la capacité des textes sacrés à briser les obstacles); ^{f}Vanantī Uparatāt (= la victorieuse supériorité);

— 21. ^{m}**Rāman** (= la tranquillité); le bon côté de ^{m}Vāyu (= l'espace libre); ^{n}Θvarta (= la roue du ciel, le firmament); ^{m}Zarvan (= le temps infini);

— 22. ^{m}**Vāta** (= le vent); ^{f}Nariyā Hamvr̥ti (= la bravoure masculine).

---

[18] Le nom du treizième jour est parfois emprunté à celui de la flèche ^{m}Tigri, laquelle semble symboliser Tištriya.

[19] Nous ne savons pas ce que sont ce groupe d'astres et les deux suivants.

Les patrons de la seconde huitaine:

— 23. ^{m}**Dadvah** (= Ahura Mazdā); les ^{m}Amr̥ta Spanta;
— 24. ^{f}Cistā (= celle qui a été remarquée, déesse énigmatique); ^{f}**Dainā Māzdayasni** (= la religion mazdéenne);
— 25. ^{f}**Ārti** (= la chance); ^{n}Hvarnah; ^{n}Savah; ^{f}Parandī (= la gravide);
— 26. ^{f}**R̥štāt** (= la diction continue); le mont ^{m}Ušadarana (= le socle de l'aurore);
— 27. ^{m}**Asman** (= la voûte céleste); ^{m}l'excellente existence;
— 28. ^{f}**Zam** (= la terre) avec ^{n}ses régions et terroirs; le mont ^{m}Ušadarana; ^{m}tous les monts; ^{n}Hvarnah;
— 29. ^{m}**Manθra Spanta** («les formules savantes», = le corpus des textes sacrés); ^{n}la loi antidémoniaque; ^{n}la loi zoroastrienne; ^{f}la longue tradition; ^{f}la religion mazdéenne; ^{f}la confiance à placer dans le Manθra Spanta; ^{n}la bonne intelligence de la religion mazdéenne; ^{n}la connaissance des textes du Manθra Spanta; ^{m}l'intelligence innée; ^{m}l'intelligence écoutée par l'oreille;
— 30. ^{n}**les Anagra Raucah** («les jours sans début», = le caractère diurne permanent qui prévaut au paradis); ^{m}Garah-Dmāna («la maison du chant de bienvenue», = le paradis); la destination intermédiaire (sorte de purgatoire); ^{f}Cinvat-pr̥tu (= le pont du juge); ^{m}Br̥zant petit-fils des rivières (dieu énigmatique assimilé à la source du Tigre); ^{f}Ap (= la rivière immaculée ou Voie lactée); ^{m}Hauma (= le jus enivrant d'une plante, ingrédient principal des libations, symbole de l'âme-moi du sacrifiant); ^{f}Dahmā Āfrīti («l'experte propitiation», nom d'un texte); ^{m}Upamāna de ^{m}Dāmi («l'image de l'instaurateur Ahura Mazdā», dieu énigmatique); ^{m}chaque Yazata Mānyava et ^{m}chaque Yazata Gaiθiya.

Cette énumération est assez structurée: les divinités éponymes des jours de la première septaine sont les sept Amr̥ta Spanta; celles de la seconde, les Gaiθiya; celles de la première huitaine, les Yazata Mānyava; les divinités principales de la seconde, une série de déesses abstraites (mānyavī) suivie du contraste ciel + terre, de l'allégorie du corpus des textes sacrés et de quelques évocations de l'au-delà.

Cette énumération divine, si pourtant elle n'est pas exhaustive, montre à suffisance que le panthéon iranien ne présente pas le degré de personnification que l'on peut trouver dans celui de la Grèce classique: nombre de divinités sont ici sans aucune figure et restent à l'état de pures notions abstraites. Certaines même sont de genre grammatical neutre. Cependant, quelques personnifications fortes sont à signaler qui sont à l'origine d'un changement du genre grammatical neutre en masculin: Ātr̥, Miθra, Vr̥θragna, Upamāna. Ce changement surprend pour les Hapta Ringa[20].

Les patrons des douze mois de l'année sont les suivants (en gras: les Amr̥ta Spanta):

— mars-avril: les Fravr̥ti ;
— avril-mai: **R̥ta Vahišta** ;
— mai-juin: **Harvatāt** ;
— juin-juillet: Tištriya ;
— juillet-août: **Amr̥tatāt** ;
— août-sept.: **Xšaθra Variya** ;
— sept.-oct.: Miθra ;
— oct.-nov.: les Ap ;
— nov.-déc.: Ātr̥ ;
— déc.-janv.: **Dadvah (= Ahura Mazdā)** ;
— janv.-fév.: **Vahu Manah** ;
— fév.-mars: **Spantā Aramati.**

La prééminence des Amr̥ta Spanta dans le panthéon iranien saute aux yeux: ils sont les dieux sollicités pour patronner les sept premiers jours du mois et la majorité des mois de l'année (sept sur douze). Le tandem des eaux et du feu se retrouve de part et d'autre. Les trois divinités restantes parmi les patrons de mois sont les Fravr̥ti, l'astre Tištriya et le Yazata Mānyava Miθra.

---

[20] Pour autant qu'il faille se fier au genre grammatical neutre du mot indien correspondant, *liṅga.*

2. Les textes du mazdéisme

2.1. Le Manθra Spanta et l'Avesta de Geldner

Nous savons par divers livres pehlevis que l'ensemble de la littérature religieuse ou sacrée des mazdéens zoroastriens existant à l'époque sassanide était rédigé en vieil iranien, accompagné d'une traduction en moyen iranien (pehlevi ou moyen perse) et divisé en trois parties faites chacune de sept livres.

Le texte original vieil-iranien recevait le nom pehlevi de abestāg par opposition à sa traduction mot à mot appelée zand. Par extension ou par erreur, le nom d'«Avesta», modernisation du pehlevi abestāg, a été donné à l'ensemble de cette littérature ancienne tandis que celui de «zend», tiré du pehlevi zand, servit par erreur à en désigner la langue avant qu'il fût recouru au terme «avestique», conventionnel faute de savoir de quelle tribu iranienne elle avait été le dialecte.

Le véritable titre de l'Avesta est en réalité celui-ci: Manθrah Spantah Dainājāh Māzdayasnaiš Zāraduštraiš[21] «Formulaire savant de la religion des mazdéens zoroastriens».

Le pehlevi, langue de la traduction et des commentaires médiévaux, est une variété de moyen iranien, du moyen perse,

---

[21] Le nom vieil-iranien de Zoroastre était Zaraduštra, l'homme «aux vieux chameaux». L'historicité de cet interlocuteur attitré d'Ahura Mazdā peut être défendue notamment sur base du caractère quelconque de son nom. Comme ceux de beaucoup de personnages humains de l'Avesta et du *Véda*, son nom, qui est de sens défavorable, avait pour but de détourner l'attention des forces démoniaques: les démons ne s'intéressent pas à ceux qui passent pour avoir de vieux chameaux, de maigres chevaux ou des vaches aveugles. La prononciation analytique du nom de Zaraduštra que la diascévase antique avait mise en vogue, zarat+uštra, est, via son univerbation secondaire, à l'origine de la graphie *Zaraθuštra-* qui en reproduit une prononciation connue de Diodore de Sicile (*Zaθraūstēs*).

appartenant à la branche dite «asa»[22] des langues iraniennes tandis que l'avestique appartenait à l'autre branche, celle dite «aspa», de laquelle devait entre autres relever aussi la langue des Mèdes et de certains des Perses les plus nord-occidentaux. Dans l'Antiquité, la branche «asa» était probablement celle des dialectes perses parlés essentiellement dans le sud de l'Iran (Perside, Carmanie, Sagartie, Drangiane, etc.), mais il semble bien que cette division dialectale prévalait dans bien d'autres parties du monde iranien tant intérieur qu'extérieur. Le prestige que l'avestique avait acquis en tant que langue originale des textes sacrés influença bien évidemment la langue de la traduction: tout comme le français en est venu à être émaillé de latinismes, le pehlevi fourmille d'avesticismes. Les théonymes y sont ainsi souvent écrits selon une orthographe qui reproduisait la forme avestique même si la prononciation du mot pouvait y être toute autre: *m(y)tr*$^{|}$ pouvait être lu miθr° d'après l'avestique *miθra-*, mais aussi être prononcé mihr. Le phénomène est assez comparable à celui que nous connaissons en français, par exemple avec le mot *loup* dont l'orthographe est reprise au latin *lup*(*us*) et qui est prononcé non [lup], mais [lu].

Les trois grandes parties du corpus avestique étaient les suivantes: les sept livres gâthiques, qui commentaient les textes archaïques appelés Gāθā que le premier d'entre eux donnait, qui les illustraient ou s'en inspiraient; les sept livres liturgiques, qui donnaient ce qui était à dire lors des

[22] Les inscriptions cunéiformes achéménides sont rédigées dans une langue artificielle, conventionnellement appelée vieux perse, qui résulte du mélange arbitraire de deux dialectes. Je les nomme d'après les deux traitements qu'y reçoit le nom du cheval, «aspa» et «asa». Les caractéristiques de ces deux dialectes sans doute pouvaient-elles se retrouver partout dans l'Empire achéménide et même au delà si, aux dires d'Hérodote, le fils de Tomyris s'appelait *Spargapísēs* (< *Sparga-paisah-), d'un nom que le traitement phonétique du **ś* de l'indo-iranien **sphr̥̄ga-paiśah-* «orné de ramures» dénonce comme «aspa», tandis qu'un roi des Scythes, nommé *Spargapeíθēs* (< *Sparga-paiθah-), portait en réalité le même nom, mais sous sa forme «asa».

cérémonies; les sept livres juridiques, qui exposaient les règles de vie à observer et les châtiments à infliger aux infracteurs.

Nous n'avons conservé que fort peu de cet ensemble, mais deux collections de textes avestiques tirés de cet ensemble sans doute dès avant sa reconstitution sassanide avaient été constituées à des fins rituelles: ce sont le Récitatif de la liturgie longue et le Recueil des liturgies brèves, auxquels Karl Friedrich Geldner a fait place dans son édition magistrale.

Le Récitatif de la liturgie longue est constitué de trois parties: le Yasna «sacrifice», ensemble hétérogène de textes parmi lesquels figurent les Gāθā; le Vidēvdād «loi anti-démoniaque», qui paraît reproduire l'un des livres juridiques; le Visprad «toutes les séquences», série de suppléments à donner aux chapitres du Yasna. Une variante de ce Récitatif de la liturgie longue remplaçait le Vidēvdād par le Vištāsp Yašt «texte sacrificiel d'Hystaspe», qui paraît reproduire l'un des livres liturgiques et doit son nom au roi Vištāspa (Hystaspe) qui, selon la légende, accueillit le premier les idées de Zoroastre.

Le Recueil des liturgies brèves nous est parvenu de deux manières: ou bien sous forme de collections désordonnées et incomplètes, ou bien comme un recueil structuré de 33 textes. Dans ce second cas de figure, dont le manuscrit F1 offre le meilleur exemple, nous trouvons l'ensemble complet des cinq Niyāyišn et des vingt-deux Yašt auquel les scribes ajoutaient quelques petites pièces afin d'arriver au compte total de 33 textes. Les Niyāyišn et les Yašt sont des textes servant à honorer individuellement les différentes divinités du panthéon.

2.2. Les Niyāyišn et les Yašt

Nous ne savons pas exactement à quel livre sassanide correspond l'ensemble des Niyāyišn et des Yašt, mais il doit au moins avoir un lien avec le septième livre juridique, le Bayān Yašt Nask «livre du culte à rendre aux dieux», d'après ce que nous en disent les livres pehlevis.

Si le Bayān Yašt Nask est bien à sa place parmi les livres juridiques, il faut théoriquement ou logiquement y trouver non les textes servant à rendre un culte aux diverses figures envisagées du panthéon, mais bien plutôt les injonctions et règles concernant de telles cérémonies. Or il se fait que les 5 Niyāyišn et les 22 Yašt qui forment la collection qui est arrivée entre nos mains ne répondent que bien rarement à cette définition.

Le titre pehlevi de Niyāyišn «prière» n'est guère explicite et peut alterner avec celui de Yašt «texte sacrificiel», aboutissant ainsi à certaines confusions. Quant à celui de Yašt, il alterne souvent avec celui de Yasn «sacrifice», mot emprunté à l'avestique *yasna-* et désignant la cérémonie lors de laquelle le Yašt était prononcé. Or il s'avère que plusieurs Yašt concernent certains Amr̥ta Spanta, une catégorie divine qui se caractérisait pourtant par l'absence d'honneurs sacrificiels. Il y a donc une contradiction. L'explication qui peut en être donnée est que les Yašt de la collection des 22 sont des textes récupérés tardivement dans le but d'honorer les patrons des jours du mois. C'est du moins ce que tend à faire croire l'ordre dans lequel sont donnés les différents Yašt à suivre celui du calendrier:

Le numéro d'ordre[23] des Yašt et les divinités évoquées dans leurs titres	Les jours du mois et leurs principaux patrons
Yt 1: Ahura Mazdā	1. Ahura Mazdā
Yt 2: les Amr̥ta Spanta	1-7. les Amr̥ta Spanta
—	2. Vahu Manah
Yt 3: R̥ta Vahišta	3. R̥ta Vahišta
—	4. Xšaθra Variya
—	5. Spantā Aramati
Yt 4: Harvatāt	6. Harvatāt
—	7. Amr̥tatāt
—	8. Dadvah

[23] Au centre de la collection, nous trouvons deux Yašt consacrés au dieu Sraušа qui ont reçu chez K. F. Geldner (*Avesta, the Sacred Books of the Parsis*, 3 vol., Stuttgart, 1886-1896) les numéros 11 et 11a, ce qui aboutit à donner l'illusion fâcheuse qu'il n'y a que 21 Yašt au total.

—	9. Ātr̥
Yt 5: les Ap et Ap Anāhītā	10. les Ap et Ap Anāhītā
Yt 6: le Soleil	11. le Soleil
Yt 7: la Lune	12. la Lune
Yt 8: Tištriya ou Tigri	13. Tištriya ou Tigri et Vanant
Yt 9: Gauš-Ruvan et Druvāspā	14. Gauš-Ruvan et et Druvāspā
—	15. Dadvah
Yt 10: Miθra	16. Miθra
Yt 11 et 11a: Srauša	17. Srauša
Yt 12: Rašnu	18. Rašnu
Yt 13: les Fravr̥ti	19. les Fravr̥ti
Yt 14: Vr̥θragna	20. Vr̥θragna
Yt 15: Rāman et Vāyu	21. Rāman et Vāyu
—	22. Vāta
—	23. Dadvah
Yt 16: Dainā	24. Dainā
Yt 17: Ārti	25. Ārti
Yt 18: R̥štāt	26. R̥štāt
—	27. Asman
Yt 19: Zam et Hvarnah	28. Zam et Hvarnah
—	29. Manθra Spanta
Yt 20: Hauma	30. les Anagra Raucah et Hauma
Yt 21: Vanant	—

Les cinq *Niyāyišn* concernent dans l'ordre les divinités suivantes:

Ny 1: le Soleil
Ny 2: Miθra
Ny 3: la Lune
Ny 4: les Ap et Ap Anāhītā
Ny 5: Ātr̥

L'ensemble des *Yašt* laisse donc de côté plusieurs patrons importants: *Vahu Manah*, *Xšaθra Variya*, *Spantā*

Aramati, Amr̥tatāt, Ātr̥, Vāta, Asman, Manθra Spanta, les Anagra Raucah. Il est donc permis de douter fortement que les Niyāyišn et Yašt aient pu être composés ou récupérés afin d'honorer les patrons des jours du mois. L'ordre des jours n'aurait jamais servi que de guide dans l'ordonnancement des pièces de la collection.

Fait curieux, dans F1, les Yašt 14-19 sont donnés pour les chapitres XI-XVI d'un livre qui n'est pas nommé. Quant au Yašt 11 qui est effectivement d'un style inusuel, il porte dans son titre l'indication explicite de sa provenance: il a été extrait du Hādōxt Nask, l'un des livres gâthiques de l'Avesta sassanide.

Il s'avère aussi que plusieurs pièces ne sont des Yašt que par leur titre: leur contenu est d'une toute autre nature que de rendre un culte à la divinité concernée. C'est notamment le cas des Yašt 1-4, ce qui est logique puisque les divinités concernées sont ici les Amr̥ta Spanta qui, normalement, ne sont pas l'objet des honneurs sacrificiels.

Il est encore à constater que, parmi ceux qui portent légitimement le nom de Yašt au regard de leur contenu, trois versions du sacrifice existent qui, très souvent, sont panachées: la **juridique**, dans laquelle Ahura Mazdā dit à Zaraduštra: «Il convient que tu offres le sacrifice à tel Yazata»; la **liturgique**, dans laquelle les adorateurs disent: «Nous offrons le sacrifice à tel Yazata»; l'**étiologique**, dans laquelle tel Yazata se plaignit à Ahura Mazdā: «Si les mortels m'offraient le sacrifice, je serais en mesure de ...».

Dans les deux premières versions, le nom de la divinité, chaque fois que la phrase type est prononcée, se voit accompagné de nouvelles épithètes qui, adjectifs qualificatifs, titres ou subordonnées relatives, magnifient le Yazata ciblé et font allusion à ses diverses prouesses. Quelle que soit la version, nous trouvons assez souvent, parmi les épithètes, des subordonnées dont la succession de chapitre en chapitre dresse une liste de personnages mythiques ou du passé qui avaient offert le sacrifice à la divinité concernée: «Nous offrons / Il convient que tu offres le sacrifice à tel Yazata à qui tel et tel héros du passé avaient offert le sacrifice à telle ou telle occasion». C'est ce qu'il est convenu d'appeler un Catalogue de sacrifiants. Ce motif caractéristique de bon nombre de Yašt est pourtant pratiquement absent des trois textes que je traduis dans les pages qui suivent.

Le rôle des nombreuses épithètes est multiple: justification du sacrifice offert, elles décrivent ce que peut accomplir la divinité et ce que l'adorateur espère obtenir d'elle, mais ces épithètes, à faire allusion à sa fonction et à sa définition, l'aident, avec la force du rite au cours duquel l'adorateur ou le prêtre les prononce, à exaucer les souhaits de ce dernier. Dans la version juridique du Yašt, les propositions subordonnées, en plus des justifications qu'elles fournissent de la nécessité du culte, donnaient des indications sur les modalités qui sont à respecter afin d'offrir correctement et utilement le sacrifice à la divinité envisagée. La version étiologique contenait le mythe instaurateur du sacrifice qui est à offrir à telle divinité, dont les mouvements successifs paraissent avoir été les suivants: la divinité se plaint que les mortels ne lui offrent pas le sacrifice; elle expose ce dont elle serait capable si le sacrifice lui était offert; Ahura Mazdā lui concède le statut d'«adorable» (yazata ou yasniya) et donne l'exemple; la divinité exprime sa joie, mais, s'attendant désormais à de tels honneurs, elle demande au grand dieu qui seront les mortels qui lui offriront le sacrifice; Ahura Mazdā lui répond que ce seront tel et tel sacrifiant et que Zaraduštra, garantie suprême de qualité, sera parmi eux.

Aucun Yašt ne s'en tient parfaitement à l'une de ces présentations, la plupart faisant même intervenir des matériaux fort hétérogènes. Disons que les Yašt que nous possédons sont eux-mêmes des collections de textes divers dont le seul point commun est de traiter le plus souvent d'une seule divinité en particulier, mais le Yt 19, par exemple, malgré son titre de Zamyād Yašt «texte du culte rendu à la Terre», commence avec un Catalogue des montagnes et contient ensuite le Kayān Yašt qui est essentiellement fait de la version liturgique du culte rendu au Yazata Hvarnah qualifié de Kāvya, l'allégorie des ressources alimentaires dont la gestion fut inaugurée par la dynastie sacerdotale mythique des neuf Kavi.

C'est de cet «abominable fatras»[24] que j'extrais trois Yašt, ceux honorant Tištriya, Miθra et Vr̥θragna, les trois principaux guerriers que compte la liste des dieux honorés. Certes, toutes les divinités mazdéennes ont un aspect guerrier pour participer toutes à la lutte contre les forces délétères et ténébreuses tandis que certaines d'entre elles, plus particulièrement guerrières comme Vāta «le vent» ou Nariyā Hamvr̥ti «la bravoure masculine», ne sont spécifiquement honorées par aucun texte. Le choix de Tištriya, de Miθra et Vr̥θragna est assez arbitraire: il est davantage guidé par l'épaisseur des textes qui concernent ces trois dieux qui, en tout état de cause, sont des figures complexes qu'il serait bien sûr abusif de réduire à leurs seuls aspects guerriers.

À l'exception de quelques citations des textes archaïques rédigées en vieil avestique et de quelques formules préliminaires ou conclusives données en pāzand, une variété tardive de moyen perse écrite en caractères avestiques, la langue des Yašt est l'avestique, un dialecte «aspa», c'est-à-dire fort proche de ce qu'avait été la langue des Mèdes et de l'un des deux dialectes dont le mélange arbitraire constitue la langue artificielle des inscriptions vieux-perses achéménides.

Le début et la fin de chaque Yašt sont balisés par un groupe de formules qui ne varient guère et sont généralement données de façon abrégée dans les manuscrits. Par exemple, parmi les formules préliminaires du Varhrān Yašt (Yt 14) qui honore Vr̥θragna (14.0), seules les phrases 14.0.3 et 14.0.17 lui sont spécifiques, les autres étant identiques pour tous les Yašt. Il en va de même pour le groupe des formules qui clôturent l'ensemble du Yašt: dans le paragraphe 14.64 où elles figurent si nous prenons encore le cas du Varhrān Yašt, seule la phrase 14.64.3 est spécifique.

Chaque chapitre d'un Yašt est lui aussi balisé à être refermé par un même groupe de formules. Celui qui clôture les 22 chapitres du Yašt 14 (14.5 = 14.7.3-7 = 14.9.3-7 = 14.13.3-7 = 14.15.3-7 = 14.17.3-7 = 14.21.3-7 = 14.23.3-7 = 14.25.3-7 = 14.27.3-7 = 14.29.3-7 = 14.31.3-7 = 14.33.3-7 = 14.40.5-9 =

[24] Le mot est de Voltaire.

14.41.3-7 = 14.46.4-8 = 14.56.4-8 = 14.58.2-6 = 14.60.3-7 = 14.61.5-9 = 14.62.3-7 = 14.63.3-7) partage nombre de ses phrases avec ceux que nous trouvons au terme de chaque chapitre des autres Yašt. Ici encore, à l'instant de nous pencher sur Vr̥θragna, nous ne pouvons tenir compte que des phrases 14.5.2-3.

C'est dire si les informations contenues dans les trois groupes de formules sont maigres concernant le dieu honoré. Pour le Yašt 14, les seules données à y relever sont que Vr̥θragna est généralement accompagné du dieu Ama et de la déesse Vanantī Uparatāt, mais aussi des allégories des lois fondamentales de la religion mazdéenne zoroastrienne.

2.3. Le titre des Yašt

Les Yašt de la collection qui a survécu reçoivent un titre pehlevi, parfois double, qui combine le nom de la divinité concernée avec le mot yašt ou yasn. La première de ces deux formes du nom catégoriel des textes avec lesquels les sacrifices sont offerts aux Yazata, se réfère exactement la première au texte qui constitue l'indispensable composante verbale du rite et la seconde au rite lors duquel ce texte est prononcé:

— Yt 1: Ohrmazd Yašt;

— Yt 2: Haftān Yašt «Yašt des Sept» ou Aməšaspandān Yašt «Yašt des Amr̥ta Spanta»;

— Yt 3: Ard ī Vahišt Yašt;

— Yt 4: Hordād Yašt;

— Yt 5: Ābān Yašt «Yašt des Eaux» ou Ardvīsūr ī Bānūg Yašt «Yašt de la dame R̥dvī Sūrā (= Ap Anāhītā)»;

— Yt 6: Xvaršēd Yašt;

— Yt 7: Māh Yašt;

— Yt 8: Tīr Yašt ou Tištar Yašt;

— Yt 9: Gōš Yašt «Yašt de Gauš-ruvan» ou Druvāsp Yašt;

— Yt 10: Mihr Yašt;

— Yt 11: Srōš Yašt ī az Nask Hādōxt «Yašt de Srauša, tiré du Hādōxt Nask»;

— Yt 11a: Srōš Yašt ī Se-šabag «Yašt de Srauša, récité lors des Trois nuits»;

— Yt 12: Rašn Yašt;

— Yt 13: Fravardīn Yašt;

— Yt 14: Varhrān Yašt;

— Yt 15: Rām Yašt «Yašt de Rāman» ou Veh Yašt «Yašt du bon (Vāyu)»;

— Yt 16: Dēn Yašt;

— Yt 17: Ārd Yašt;

— Yt 18: Aštād Yašt «Yašt de R̥štāt» ou Ērān Yašt «Yašt de (Hvarnah) qualifié d'Aryāna (= appartenant aux Arya)»;

— Yt 19: Zamyād Yašt «Yašt de Zam Hudāh» (Yt 19.9-96: Kayān Yašt «Yašt de (Hvarnah) qualifié de Kāvya (= appartenant aux Kavi)»);

— Yt 20: Hōm Yašt;

— Yt 21: Vanand Yašt.

Nous ne savons pas de façon sûre comment l'ensemble des Yašt primitifs était appelé en vieil iranien: peut-être recevaient-ils le nom de Yasnakr̥ti «fait de dire le sacrifice» — dans le Yašt 11a.21, les Yasnakr̥ti constituent l'une des armes du dieu Srauša —. Quant à leur titre individuel, il semble bien avoir été identique au nom de la divinité concernée: en plus d'être celui du dieu, Miθra était ainsi le nom du Mihr Yašt.

3. Tištriya

3.1. Les astres

Les Iraniens ont sans doute beaucoup emprunté à leurs voisins mésopotamiens en matière d'astronomie, mais les noms que les mazdéens donnaient aux étoiles sont bien d'origine indo-iranienne. Cependant, cette origine reste douteuse si ce ne sont pas les mêmes mots qui les nomment usuellement à la fois dans l'Inde védique et sur le plateau d'Iran. Les astres honorés en Inde ne portent pas le même nom qu'en Iran à l'exception timide du Soleil et de la Lune: en Inde, les mots indo-iraniens *súu̯ar et *mā̆h qui les désignaient n'existent plus que dans les couches archaïques du *Véda*. La Voie Lactée et les autres luminaires iraniens ont beau porter un nom d'étymologie indo-iranienne, les textes védiques ne nous apportent aucune confirmation quant à savoir si tels étaient bien les mots employés pour les désigner à l'époque ayant précédé la séparation des Indo-Iraniens en deux grands groupes de tribus.

L'originalité des mazdéens zoroastriens se remarque aussi à leur souci de classifier les dieux et à leur connaissance de catégories divines spécifiques: les étoiles ou Star forment une importante sous-catégorie parmi les Yazata Gaiθiya. La collection des 22 Yašt, après la grande rivière céleste, après le Soleil et la Lune, autrement dit: après les luminaires les plus considérables, honore le général qui est à la tête des étoiles dans le combat contre les démons[25]. Ceux-ci comptent sur les planètes pour leur prêter main forte, car elles étaient vues comme démoniaques en raison de l'irrégularité de leur course inverse de celle des étoiles. Le général qui commande aux étoiles est Tištriya, le dieu qui personnifie Sirius. Son nom de Tištriya, étymologiquement **tri-str-iya-* «composé de trois étoiles», est attesté, sous sa forme perse *tišiya-, dans les parties les plus anciennes du *Véda*: *tiṣ^{i}yà-*[26]. Que le *Véda* pût leur emprunter ce nom, cela montre à suffisance que les connaissances astronomiques des Perses étaient réputées à époque fort ancienne jusque dans l'Inde védique.

Les autres étoiles importantes dont les textes avestiques qui nous sont parvenus conservent le nom sont Vanant «vainqueur» (= Véga), Sātavisa «appartenant à la centaine des clans» (= Fomalhaut) et les Hapta Ringa «les sept marques» (la Grande Ourse). Dans le Tištar Yašt, il est fait aussi mention de divinités astrales inconnues ou d'identification fort douteuse telles que la rivière Aspakr̥pā, les épouses de Tištriya ou l'astre Upaparviya accompagné des siennes.

---

[25] Plutarque le dit (*De Iside et Osiride* § 47).

[26] Ceci constitue un important argument à prendre en compte dans la datation du monument le plus ancien de la littérature indienne. La forme *tišiya appartient à un dialecte «asa».

3.2. Tigri

Tištriya ne donne pas toujours son nom au treizième jour du mois: le nom pehlevi Tīr s'explique par celui de Tigri «pointu» que reçoit la flèche qui symbolise le dieu et porte le même nom que celle qu'un personnage mal connu nommé R̥ša[27] (persan *'rš*) avait tirée de façon extraordinaire: la terre était aux mains du démoniaque Frahrasyān qui, trop sûr de lui, accepta d'en rendre aux Iraniens une partie en forme de carré dont la dimension des côtés ne serait que d'une portée de flèche. L'archer qui, par sa puissance de tir, permit aux Iraniens de récupérer toutes leurs terres de l'Alborz au Hindukuš, ce fut, selon des sources postérieures, ce R̥ša[28].

Le jour de Tištriya du mois de Tištriya était celui d'une fête célébrée en son honneur, appelée Tīragān en pehlevi à passer pour le jour anniversaire de la reconquête des terres iraniennes que le tir prodigieux de la flèche Tigri avait permise.

3.3. Les titres du Tištar Yašt

Le Tištar Yašt «texte du sacrifice offert à Tištriya», comme on pouvait s'y attendre, porte aussi le nom de Tīr Yašt «texte du sacrifice offert à Tigri». Ce texte serait un authentique Yašt de type liturgique avec la phrase en yazāmadai «nous offrons le sacrifice à...» faisant l'ouverture de chacun de ses chapitres si le premier de ceux-ci ne commençait avec une conversation (frašna) entre Ahura Mazdā et Zaraduštra dont, curieusement, vient à manquer le contenu: seule apparaît l'annonce des mots que le grand dieu s'apprête à

---

[27] La forme de ce nom (*ərəxša-*) n'est pas assurée: védique *ŕ̥kṣa-* (n. p.). On ne peut savoir si °*xš*° est factice pour °š̱° : si nous devons penser à l'ours (védique *ŕ̥kṣa-*), ce serait le cas au vu du latin *ursus* (l'attestation du nom de l'ours dans *Aogəmadaēcā* 79 est corrompue : les manuscrits de ce recueil de fragments avestiques donnent *araša* et *arš*), mais, s'il faut se tourner vers le «chauve» (védique *r̥kṣá-*) dont l'étymologie fait difficulté, la question reste en suspens, et, en védique, le nom propre aurait subi une remontée de l'accent comme dans *kŕ̥ṣṇa-* tiré de *kr̥ṣṇá-* «noir».

[28] Mythe comparable à l'indien des trois pas de *Víṣṇu* nain.

dire à son auditeur Zaraduštra, mais, immédiatement ensuite, nous lisons une série chaotique de phrases qu'il est bien impossible de placer dans la bouche du grand dieu.

3.4. Le manque de cohérence du Tištar Yašt

Le contenu du Yašt dans son ensemble mérite lui aussi la critique: les 16 chapitres qui le composent sont dépourvus de fil conducteur général en ce sens que s'y succèdent de façon désordonnée des morceaux de textes de provenances et de thèmes divers. On y trouve principalement des fragments du mythe étiologique du sacrifice offert à Tištriya, des morceaux traitant du rôle qu'il tient dans le cycle des eaux et des allusions au mythe de Tigri.

Il se fait que l'ensemble le plus long, qui traite des métamorphoses du dieu, manque d'un contexte suffisant pour que nous puissions déterminer le sens ou la raison exacte de telles métamorphoses. La même remarque peut être formulée à propos de la lutte que Tištriya doit mener contre le démon Apauša: nous ne pouvons reconnaître sûrement si ce combat appartient au mythe étiologique. Nous ne parvenons pas non plus à définir clairement la relation que Tištriya paraît entretenir avec l'énigmatique dieu Bṛzant.

Un thème obligatoire ou habituel est absent du Tištar Yašt: sans doute est-ce non un fait significatif, mais le fruit du hasard s'il ne contient aucun Catalogue de sacrifiants.

3.5. Un guerrier de troisième fonction

L'importance de Tištriya réside dans le rôle prépondérant qu'il joue dans le cycle des eaux: avec l'aide des vents, il prend les eaux du lac Varukarta, mais, pour accéder à ce lac, il doit lutter contre Apauša, le démon de la misère. Sa victoire, conditionnée par la correction du culte qui lui est rendu, ramène la pluie pour que les rivières se gonflent et que la terre en soit irriguée.

Le démon de la misère Apauša n'est pas le seul adversaire que Tištriya ait à combattre: le Tištar Yašt mentionne aussi Dužyāriyā, cette espèce surnaturelle de sorcière (Parīkā) qui, comme conséquence de mauvaises pratiques religieuses, est l'allégorie des mauvaises récoltes, mais nous restons avec elle dans le même registre. Si le dieu qui, par ailleurs, commande aux étoiles a pour adversaires les figures allégoriques de la misère et de la mauvaise récolte, c'est que l'observation des astres avait tout naturellement son importance chez les agriculteurs. Pour employer une terminologie dumézilienne, disons que Tištriya est un guerrier de troisième fonction.

3.6. Le cycle des eaux

Le rôle que Tištriya joue dans la mécanique harmonieuse du monde et, plus particulièrement, dans le cycle des eaux répond sans nul doute aux espoirs que les êtres vivants placent en lui: grâce au culte qu'ils lui rendent, ils trouveront à se nourrir, mais nous ne pouvons affirmer nettement que les phrases avec lesquels ceux-ci se manifestent à son attention appartiennent bien au mythe étiologique: le motif pourrait relever du quotidien.

Nous avons d'énormes difficultés à corriger le désordre dans lequel se succèdent les différentes phases du cycle des eaux d'autant plus que les données fournies à ce sujet par les livres pehlevis ne correspondent pas bien avec celles du Tištar Yašt. Il est à souligner que, dans le Yašt, le motif de la distribution des eaux sur les différents secteurs de la terre revient trois fois:

— 8.8.4. Aspakṛpā (= une constellation?) s'approche de l'un des réservoirs du lac Varukarta;

— 8.8.5. Le bouillonnement des eaux;

— 8.9.1-2. La **distribution** des eaux sur les sept secteurs de la terre dont se chargent les dieux Sātavisa et Rāman;

— 8.31.1-2. Les vagues sur le lac Varukarta;

— 8.32.1. Tištriya surgit du lac Varukarta;

— 8.32.2. La formation des nuages;

— 8.33.1-3. Le mouvement des nuages;

— 8.34. La **distribution** des eaux dont se chargent Bṛzant et d'autres dieux;

— 8.35. Le voyage de Tištriya annonciateur des pluies;

— 8.40. Tištriya libérateur des eaux;

— 8.46.1. Tištriya arrive à tous les réservoirs du lac Varukarta;

— 8.47.1. L'extraction des eaux;

— 8.47.2. La **distribution** des eaux.

Les indications toponymiques et les interventions de multiples divinités, parfois inconnues tels les Maigakara «fabricants de nuages», nous laissent perplexes: si la reconstruction logique du cycle des eaux reste hors de portée, le texte paraît en outre établir des relations entre ce cycle et le mythe étiologique ou celui de Tigri qui ne peuvent être explicitées.

3.7. Les métamorphoses divines

Diverses divinités du panthéon mazdéen, sans qu'il importe de savoir si, par ailleurs, elles sont visibles (gaiθiya) ou invisibles (mānyava), adoptent çà et là une ou plusieurs formes ou apparences (kr̥p) particulières. Nous n'en connaissons pas moins de dix pour Vr̥θragna, l'un des Yazata Mānyava, mais elles ne sont qu'au nombre de trois (l'homme de quinze ans, le taureau, le cheval) pour Tištriya, lequel, pour être un astre, appartient à la catégorie des Yazata Gaiθiya.

Cette faculté de se métamorphoser ou tout simplement d'acquérir une apparence n'est pas l'apanage des seules divinités: l'âme-moi (ruvan) du défunt — mais il est vrai qu'elle gagne le monde des dieux et en vient à leur ressembler — adopte la kr̥p du beau jeune homme de quinze ans tandis que la conscience religieuse (dainā), autre partie de l'individu qui soit appelée à l'immortalité, prend l'apparence, à l'instar de quelques déesses, d'une éblouissante jeune fille de quinze ans ou d'une bien belle vache laitière. Un texte pehlevi donne même à la dainā l'aspect d'un jardin paradisiaque.

De telles apparences sont convenues et peu significatives: il n'est pas rare que plusieurs divinités partagent une même apparence, et toutes les jeunes filles de quinze ans sont décrites de la même façon tandis que la figure du beau cheval est toujours identique, sortie du même moule. Le choix que la divinité opère entre les apparences se fait pourtant assez souvent en fonction des prouesses qui lui sont à accomplir et qui, elles, sont logiquement bien plus significatives. Les métamorphoses divines sont ainsi tributaires des événements mythiques.

4. Miθra

4.1. L'échange

Premier des Yazata Mānyava ou adorables invisibles, Miθra est le plus fameux des dieux d'Iran, mais il n'y a pratiquement rien dans la littérature zoroastrienne qui nous permette d'interpréter ou de commenter la scène figée et constante que l'on trouve d'un bout à l'autre de l'Empire romain, qui montre Miθra tuant un taureau. Pourquoi ce zodiac autour de la scène? Que sont au juste les dadophores Cautès et Cautopatès que nous y voyons de part et d'autre? Que représente ce taureau? Et ce chien, ce serpent ou ce scorpion qui l'assaillent?

Comme ce théonyme est la masculinisation du mot miθra «échange» de genre grammatical neutre, le dieu Miθra représente principalement l'objectif cosmique du sacrifice, lequel est d'assurer l'échange entre les mondes, entre celui-ci qui recherche les faveurs de l'autre et l'autre qui, dans l'au-delà, tire sa force de celui-ci. Les forces échangées sont, d'un côté, le savah, littéralement «embonpoint, opulence», que la cérémonie sacrificielle génère au bénéfice des dieux, et, de l'autre, l' iš «vigueur», que les dieux envoient aux pieux adorateurs, par exemple sous forme de pluie.

Le bénéfice que la divinité espère obtenir de la cérémonie sacrificielle est une force immatérielle, celle-là même qui se dégage de la structure du rite et qui, par le canal du feu messager, doit lui parvenir. Cette force appelée savah a une double utilité: d'une part, la divinité s'en trouve ravigorée ou, disons, potentialisée et, d'autre part, elle trouve dans le savah les ressources nécessaires pour accomplir les prouesses qui doivent être les siennes et satisfaire ainsi les demandes et les prières, voire exaucer les souhaits du pieux adorateur. Ce que ce dernier, pour sa part, attend du sacrifice qu'il se fait un devoir de lui offrir, cérémonie souvent décrite comme un rite d'hospitalité régi par le principe de *do ut des*, c'est que la divinité puisse lui octroyer l' iš, cette force qui, sous forme de pluie, lui assurera de quoi se nourrir pour aussi lui apporter la santé, lui garantir une bonne progéniture et accroître ses troupeaux.

Selon Plutarque[29], Zoroastre donnait le nom de *Hōromázēs* au dieu du bien et celui de *Areimánios* à celui du mal: c'est à la lumière que, parmi les choses perceptibles, le premier, en qui nous reconnaissons Ahura Mazdā, s'apparente le plus tandis que l'autre, Ahra Manyu de son nom vieil-iranien, se confond avec l'obscurité et l'ignorance. Entre les deux se trouverait *Míθrē* que les Perses nomment aussi «le médiateur» (*mesítēs*). En réalité, Plutarque commet une imprécision: patron de l'échange, Miθra se situe, comme le sacrifice lui-même, entre ce monde et celui des dieux. À faire le tri, en tant que juge[30], entre les âmes des défunts sur base de la correction avec laquelle ils se firent un devoir, tout au long de leur vie sur terre, d'offrir le sacrifice aux dieux et d'en frustrer les démons, Miθra accueille celles des bons adorateurs et renvoie aux ténèbres crues celles des impies. Il est abusif de dire avec Plutarque que Miθra se situe entre le bien et le mal même si le Mihr Yašt le présente tout à la fois comme bon et mauvais envers les mortels: il est bon puisque bon envers les pieux et mauvais envers les impies, pouvons-nous avancer.

Sans l'échange fructueux rien ne fonctionnerait: les mortels manqueraient de tout pour leur subsistance et n'auraient aucun accès au ciel au delà de la mort; les dieux ne pourraient exercer leur rôle ni en ce monde ni dans l'autre.

---

[29] *De Iside et Osiride* § 46.

[30] Les juges sont souvent au nombre de trois: Rašnu, qui tient la balance; Miθra, qui fait office d'avocat de la défense; Srauša, qui tient le rôle de celui de l'accusation.

4.2. Les acolytes et les fonctions de Miθra

Miθra, le plus grand des Yazata Mānyava, représente tout ce qui, immatériel ou invisible, est digne d'être honoré du sacrifice, c'est-à-dire: tout ce qui fait la structure et le fonctionnement de ce monde spirituel auquel le monde matériel aspire pouvoir accéder. Plusieurs aspects et détails de ce caractère du dieu, notamment ceux qui sont en rapport avec la parole rituelle, se complètent de diverses fonctions et se déclinent sous la forme de divers acolytes: nous reconnaissons dans le dieu Sraušа la récitation rituelle avec laquelle les offrandes acquièrent leur sacralité et grâce à laquelle, en définitive, le sacrifice existe; Vr̥θragna nomme le pouvoir antidémoniaque de la récitation; le dieu Rašnu, l'efficace façon «rectiligne» de réciter les paroles rituelles ou de les orienter vers la divinité que l'on veut honorer; les déesses Fravr̥ti, l'engagement individuel que prennent les pieux et harmonieux adorateurs d'être mazdéens, leur profession de foi, que concrétise une phrase à dire solennellement: «Je choisis d'être de ceux qui offrent le sacrifice à Ahura Mazdā, de le faire à la manière de Zaraduštra, de rejeter les Daiva et d'observer les enseignements d'Ahura Mazdā». Comme l'opinion qu'Ahura Mazdā donna les indications adéquates et correctes à Zaraduštra conditionne l'activité rituelle correcte, comme c'est sur cette conviction appelée manyu que s'en appuient les grands principes, ceux-ci, déifiés, prennent le nom de Mānyava «ceux de l'opinion».

Les fonctions de Miθra sont multiples: en plus du rôle d'intermédiaire qu'il joue entre les mondes à l'instar de son homologue védique *Mitrá*, le dieu iranien occupe encore les cases où agissent d'autres dieux indiens, au moins *Víṣṇu*, *Váruṇa*, *Aryamán*, *Índra* et *Savitŕ̥*: c'est un juge, un roi, un champion, un impulseur. Ceci ne signifie pourtant pas que d'autres dieux, plus spécialisés, n'existent pas à côté de Miθra. Ce paraît en effet être le cas de ceux qu'il est convenu d'appeler «les acolytes de Miθra», principalement Sraušа et Rašnu.

Nous ne pouvons douter de l'aspect politique de la figure du dieu. Miθra protège le roi dans les combats, l'assiste dans son rôle de sacrifiant suprême et d'organisateur des cérémonies solennelles: par sa pratique religieuse, le roi rend les dieux attentifs aux demandes du peuple. Le roi doit aussi défendre ses administrés contre les agressions extérieures tout comme le fait Miθra à contempler l'ensemble des nations aryā et à prendre garde que n'y entrent les forces du mal ou que ne s'y organisent des sacrifices erronés générateurs de forces délétères. La défense du monde pieux, de la maison de l'homme pieux, telle est la tâche du roi et de Miθra. Miθra est ainsi un roi (ahura) protecteur, un maître des pays (dahyupati), un guerrier dont le Yašt énumère les armes.

Le Mihr Yašt contient de nombreuses allusions à l'organisation politique et sociale ainsi qu'aux entités territoriales. Une certaine emphase est mise sur les dimensions extrêmes de l'espace social: la maison, dimension minimale, et le pays ou le monde, dimensions maximales. Le paradis et ce bas monde sont même présentés comme des maisons ou résidences du dieu. C'est ainsi qu'il est passé avec facilité et peu de transition du plan politique à celui de l'eschatologie. La bonne organisation politique du monde pieux préfigure ou annonce ce que sera la maison du défunt bienheureux.

Plusieurs fonctions divines védiques se rejoignent sur ce plan politique et guerrier: le dieu roi *Váruṇa*, qui veille à la transmission des eaux célestes à la terre[31] et châtie les impies; le champion guerrier *Índra* qui, avec le foudre, lutte contre les démons; *Savitṛ́*, le dieu des démarrages, qui pousse les aurores à paraître et le Soleil à se lever pour que puissent commencer les célébrations sacrificielles dans les différents pays.

Dieu de l'échange entre les mondes divin et mortel, autrement dit: dieu des relations que les dieux, via le sacrifice ou à son occasion, maintiennent avec les humains, Miθra se confond pratiquement avec le sacrifice et peut ainsi être comparé avec le *Víṣṇu* des *Brā́hmaṇa* védiques.

---

[31] Le nom de *Váruṇa* serait-il à expliquer à partir de la même racine que le mot ūrva qui, dans l'Avesta, désigne le roi «qui gère les réserves d'eau»?

Son autorité, sa sévérité, les châtiments qu'il inflige, cela le rapproche du védique *Váruṇa*. C'est que Miθra juge si le défunt, avec l'accomplissement des rites, a bien su développer l'échange et conforter l'harmonie.

La vigilance de Miθra ne se limite pas à régir les relations qui unissent cette existence à l'autre, mais s'étend aussi à celles qui se tissent entre les groupes humains: entre pieuses gens, entre pieux adorateurs et impies, entre père et fils, etc. Il a donc aussi dans ses attributions le rôle que, dans le *Véda*, joue le dieu *Aryamán*, spécialiste des relations entre clans, fussent-elles matrimoniales ou autres.

4.3. Les principales épithètes de Miθra

Varu-gauyūti, l'épithète la plus habituelle que le dieu reçoive, paraît faire allusion à l'au-delà et aux conditions de vie qu'y trouvera le pieux adorateur: «Miθra aux vastes prairies»[32]. Une autre épithète importante est sūra «opulent»[33], car Miθra devait l'être si les Iraniens lui rendaient souvent un culte et le gavaient ainsi de savah. Les Scythes occidentaux aussi lui

---

[32] Le correspondant védique *urúgavyūti-*, hapax legomenon, est employé pour qualifier *Sóma*, le dieu symbolisant l'âme du sacrifiant: «*Sóma*, toi qui, avec de vastes prairies, nous assures l'absence de tout danger» (RS 9.90.4a). Le syntagme qui explicite ce composé épithète est, en revanche, plusieurs fois attesté dans les vieux hymnes védiques: e. g. «Te purifiant, ô *Sóma*, cours sous forme de richesse en fils vers la vaste prairie: c'est une grande et longue protection» (RS 9.85.8). Plusieurs de ces passages concernent les dieux *Mitrá* et *Váruṇa* qui, de beurre, arrosent nos vastes prairies (e. g. RS 7.65.4), c'est-à-dire: permettent à nos vaches de paître sur de vastes prairies et de donner ensuite un lait riche et bon pour l'obtention de beurre. Remarquons qu'une strophe consacrée à *Sóma* et une autre à *Mitrá-Váruṇa* ont un même vers en commun (RS 5.66.3b ≈ 9.78.5d) pour affirmer combien ces dieux garantissent notre sécurité. La forme reduite du composé, *urvỳūti-* (< **urú+yūti-*), autre hapax legomenon, sert d'épithète d'*Índra*: «(*Índra*) qui a de vastes prairies sait écouter les appels du chantre» (RS 6.24.2b).

[33] Le védique *śū́ra-* est une épithète fréquente d'*Índra*.

accordaient de telles épithètes: ils invoquent Apollon, nous dit Hérodote, sous le nom de *Goitósuros* : < *(Varu)gauyūti Sūra.

4.4. Le manque de cohérence du Mihr Yašt

Avec ses 146 paragraphes et ses 35 chapitres, le Mihr Yašt « texte du sacrifice offert à Miθra» est le second de la collection en importance: c'est dire si nous sommes en présence d'un texte de grande valeur, mais, comme nous allons le voir, il faudra déchanter çà et là.

La situation rencontrée déjà avec le Yt 8, dans le premier chapitre duquel nous trouvons la phrase annonciatrice d'un discours légal d'Ahura Mazdā qui, finalement, n'est pas donné, se répète pratiquement ici: le texte de son discours commence immédiatement avec les raisons qu'il donnait à Zaraduštra d'offrir le sacrifice à Miθra. Si l'on veut, la phrase «il convient que tu offres le sacrifice à Miθra» fait défaut, mais les raisons exprimées de cette injonction divine, à définir l'importance du dieu, servent avec bonheur de chapitre introductif (chapitre I).

Beaucoup de chapitres, qui, à vrai dire, se succèdent sans ordre logique apparent, procèdent de la version liturgique du Yašt: le verbe de la phrase caractéristique est yazāmadai «nous offrons le sacrifice à ...» suivi du nom du dieu comme complément, accompagné de ses épithètes, adjectifs qualificatifs et propositions subordonnées relatives. Ceci n'empêche pas le recours à des parenthèses sporadiques venant développer l'une ou l'autre épithète.

Parmi les propositions subordonnées relatives épithètes, il est à remarquer l'absence de celles dont la succession, dans d'autres Yašt, constitue ce qu'il est convenu d'appeler un Catalogue de sacrifiants («Nous offrons le sacrifice à telle divinité à qui tel et tel héros du passé offrirent le sacrifice»). Ou alors il faut admettre la réduction de ce catalogue aux seuls paragraphes 88 et 123 où les sacrifiants sont respectivement les dieux Hauma et Ahura Mazdā, lesquels, comme paradigmes respectifs du prêtre et de l'adorateur, tinrent de tels rôles lors de cérémonies sacrificielles paradigmatiques ou primordiales, célébrées sur le sommet de la Harā, la chaîne de montagne la plus proche du ciel, et dans le Garah Dmāna, l'au-delà paradisiaque, sans doute pour ouvrir ou inaugurer le passage de la terre au ciel. Les chapitres II et III pourraient aussi tenir lieu de Catalogue des sacrifiants: le roi et le guerrier y sont présentés comme les adorateurs habituels de Miθra.

Plusieurs passages sont tirés du mythe étiologique du sacrifice offert au dieu Miθra: aux chapitres XIII et XIX, de tels fragments viennent se greffer sur la version liturgique; dans le chapitre XXX, ils font partie de l'entretien (frašna) au cours duquel Ahura Mazdā impartit ses enseignements à Zaraduštra. Peut-être faut-il retenir beaucoup d'autres passages, mais il nous est bien difficile de faire toujours la distinction entre les différentes versions, la juridique, la liturgique et l'étiologique. Il n'est d'ailleurs pas exclu que chaque version pût, en son sein, donner lieu ou faire place aux deux autres: «**Il convient que tu offres** le sacrifice à Miθra en disant "**Nous offrons** le sacrifice à Miθra", lui qui avait demandé à Ahura Mazdā que les mortels lui **ofrissent** le sacrifice».

Le manque de cohérence du texte est, en outre, manifeste: les chapitres traitant du même sujet n'y sont pas regroupés.

4.5. Le Miθra solaire

Miθra est une figure proche du Soleil (10.118.1, 10.143.2). Ce dernier, rarement personnifié en Iran, se confond parfois avec Miθra: les astrologues allaient jusqu'à lui donner le même nom tandis que les livres pehlevis connaissent un démon appelé «sombre Miθra» (Mihr ī tomīg) qui sera l'adversaire du Soleil lors de la grande conflagration qui doit marquer la fin du temps linéaire.

Le Yašt opère pourtant bien la distinction entre Miθra et le Soleil si, au chapitre IV, Miθra est, à l'instar du védique *Savitṛ́*, celui qui pousse le Soleil à se lever et que celui-ci, au chapitre XXIII, paraît rendre hommage à Miθra, mais le chapitre XXXIV fait de Miθra le dieu lumineux par excellence.

4.6. Un guerrier de première fonction

Parmi les adversaires démoniaques de Miθra, nous trouvons à plusieurs reprises les Hainiyā, notamment aux chapitres IX et XI. Horde de diablesses sous la forme desquelles se manifeste mythiquement le refus que montrent les impies d'offrir le sacrifice à Ahura Mazdā, les Hainiyā, contrepartie négative des Fravṛti, se rencontrent surtout sur les champs de batailles puisque les guerriers ennemis sont d'office vus comme des impies et que toute guerre en vient à préfigurer la grande conflagration qui marquera la fin du temps linéaire et le retour à la fixité de l'infini.

Le Miθra guerrier est souvent un défenseur de territoires: la maison, le village, la province, le pays, les sept secteurs de la terre. Il assure leur défense en poussant le Soleil à paraître et les surveille — Srauša se charge de monter la garde durant la nuit —. L'impie qui, armé de funestes paroles rituelles (manθra), menace l'Iran ou le monde est le disciple d'Abimiθra, la contrepartie négative de Zaraduštra. La doctrine fâcheuse à laquelle se plient les ābimiθri «sectateurs d'Abimiθra» dérègle les échanges que ce monde doit avoir avec l'autre.

Si la lutte que menait Tištriya se situait sur le plan agricole, la guerre que Miθra déclare aux démons et à leurs suppôts est, quant à elle, souvent religieuse. Car, s'il est un dahyupati, un ahura, c'est-à-dire: un maître de nations et un roi détenant l'autorité politique, Miθra, au début du XXIXe chapitre, est aussi vu comme un dahyuma, l'autorité religieuse du pays ou de la nation. De ce point de vue, le dieu s'apparente au souverain achéménide qui, depuis Darius Ier, en plus de sa fonction temporelle suprême, remplissait un rôle religieux de premier plan, mais pareil cumul n'est pourtant jamais clairement mis en évidence dans les textes avestiques même si la dynastie mythique des Kavi, sur la foi de son nom d'origine sacerdotale — c'est celui des Sept Sages védiques —, devait jouer sur les deux tableaux.

Ce qui a été dit de ses rapports avec la nation ou le monde doit l'être aussi quand il est question des autres cercles d'appartenance sociale, la maison familiale, le village clanique et la tribu. C'est que Miθra se situe à tous les niveaux (chap. XXII, XXIX), que sa maison ou lui-même sont aussi larges que la terre (10.44.2, 10.95.2) et qu'il est omniprésent (chap. XXXV).

C'est la figure de l'Asmodée biblique ou du *Diablo cojuelo* de Vélez de Guevara, connue pour disloquer les maisons, qui nous permet d'entrevoir la relation entre les deux thèmes traités successivement par le chapitre XII, celui de la maison qu'Ahura Mazdā construisit pour Miθra au sommet de la Harā (= modèle mythique de la cordillère de l'Alborz) et celui des funestes incursions que le démon Išma, le prototype d'Asmodée, fait dans le monde. Miθra est d'ailleurs assisté de Srauša, l'adversaire habituel d'Išma, et, au vu du Srōš Yašt ī Se-šabag, le thème de la maison, qu'elle soit celle du dieu ou celle de son adorateur, assimile aussi Miθra à Srauša. Ce n'est bien sûr pas le seul point de contact qui soit à signaler entre le Mihr Yašt et les deux Srōš Yašt: par exemple, le même formulaire sert à la description de leurs attelages respectifs.

Le côté guerrier de la figure de Miθra est présent dans de nombreux chapitres: le XXVIIIe le dépeint comme tel et le XXXIe dresse le catalogue de ses armes, la plus fameuse restant le vazra, l'homologue du *vájra* que manie le dieu védique *Índra*. Il en était déjà question dans les chapitres XXIV-XXV où Miθra nettoyait le monde de ses Daiva à l'aide du vazra. Le cortège, les chevaux et le char de Miθra font la matière des chapitres XVI-XVIII et d'une partie du XXXIe pour compléter cette peinture du Miθra guerrier.

Le regard inquisiteur de Miθra est souvent rappelé dans le Mihr Yašt. Roi justicier, il surveille le monde, l'observe (chap. XV, XXI, XXVI-XXVII): parfois au nombre naturel de deux, les yeux de Miθra peuvent aussi être bien plus nombreux et être personnifiés en espions, comme ceux de *Váruṇa* dans le *Véda*, pour scruter les horizons à la recherche des malfaiteurs et des impies. La surveillance du monde va de pair avec la protection qu'il accorde aux pieuses gens (chap. VI): Miθra leur construit une maison (chap. VIII), la leur protège (chap. XX); il œuvre en faveur de l'homme sensé (chap. XXXII).

5. Vr̥θragna

5.1. Le théonyme

Comme le nom du dieu abstrait Vr̥θragna apparaît encore avec son genre grammatical neutre d'origine dans quelques passages des textes avestiques conservés, nous pouvons sans peine reconnaître ce que représente ce dieu: la qualité ou la force de celui qui reçoit l'épithète de vr̥θrajan «briseur d'obstacles» (= védique *vr̥trahán-*). Les obstacles (vr̥θra) sont ceux que les forces délétères dressent devant les forces lumineuses qui cherchent à rétablir la permanence de la lumière. Le *Véda* a fait de ce barrage un démon, le fameux serpent *Vr̥trá*, par masculinisation de son nom, mais l'Avesta, qui nomme Dāhaka ce même serpent tricéphale, ne lui donne jamais le nom de vr̥θra. Les divinités qui reçoivent l'épithète de vr̥θrajan sont principalement les dieux Miθra, Srauša, Vāta, Hauma et Ātr̥, les déesses Fravr̥ti et les combattants eschatologiques appelés Saušyant.

Cependant, comme Miθra est l'échange que le sacrifice permet avec les dieux notamment par le biais de la récitation des paroles sacrées, que Srauša et les Saušyant les déclament pour mettre en déroute les démons et leurs suppôts, qu' Ātr̥ est le feu rituel d'un culte recourant à de telles paroles, que l'ivresse de Hauma facilite leur récitation, que les Fravr̥ti représentent l'engagement individuel de chacun des pieux mazdéens zoroastriens de pratiquer une religion où la prononciation correcte de telles paroles est de première importance et que les Gāθā elles-mêmes, parmi d'autres paroles vénérables, reçoivent cette épithète, il est assez clair que cette qualité de pouvoir briser les obstacles démoniaques est celle que l'Avesta attribue aux plus vieux textes qu'il contient. Le mot neutre abstrait vr̥θragna, dans le Visprad 24.1, sert même de désignation du recueil des plus vieux textes regroupés au centre du Yasna. Vertu antidémoniaque des textes récités et pouvoir partagé par de nombreuses divinités qui leur sont liées, Vr̥θragna, une fois acquise une personnification que ratifie le changement de genre grammatical, ne pouvait que prendre de l'importance et attirer sur lui nombre de mythèmes pour davantage de succès.

D'autres qualités déifiées des textes vénérables sont mentionnées à côté de Vr̥θragna: le dieu Ama, très peu personnifié, qui représente l'impétuosité ou la force offensive de leur prononciation, et la déesse Vanantī Uparatāt «victorieuse supériorité», qui reste un peu énigmatique, l'accompagnent souvent. De fait, comme patron du vingtième jour du mois, Vr̥θragna est le blanc d'un culte qui lui associe ces divinités. Vr̥θragna et Vanantī Uparatāt furent assimilés aux grecs *Hēraklês* et *Nikē*.

En pehlevi, la confusion phonétique qui avait lieu, sous la forme Varhrān (ou Vahrām), entre le théonyme Vr̥θragna et le nom de Vr̥θrajan que l'on donnait souvent au combattant eschatologique (saušyant) né de l'âme-moi de Zaraduštra était levée par l'adjonction d'un adjectif: Varhrān ī amāvand est «l'impétueux Vr̥θragna»[34]; Varhrān ī varzāvand, «le prestigieux Vr̥θrajan».

5.2. L'obstacle

La vieille religion iranienne qui n'a pas fait de vr̥θra le nom d'un démon lui a gardé un sens ambigu: le blocage ou barrage peut être vu comme malencontreux si ce sont les forces ténébreuses qui en sont responsables, mais la force défensive qui consiste à arrêter les attaques démoniaques porte le même nom[35]. En Inde, le blocage démoniaque, affectant notamment les rivières, cause la sécheresse, et c'est *Índra* qui vient à bout du démon qui le personnifie.

La distribution iranienne des cartes doit être bien différente puisque, d'une part, le retour des eaux est l'œuvre non de Vr̥θragna, mais de Tištriya victorieux du démon de la

---

[34] Ou: «Vr̥θragna accompagné d'Ama», < vieil-iranien Vr̥θragna amavant.

[35] L'Inde védique a préféré recourir à des mots distincts, réservant *vr̥trá-* à la désignation des obstacles que les démons dressent et choisissant d'autres mots, par exemple *várūtha-*, pour nommer la barrière derrière laquelle l'adorateur cherche à se protéger de leurs incursions.

misère, Apauša, et que, d'autre part, c'est non Vṛθragna, mais bien le feu rituel Ātṛ que le serpent tricéphale Dāhaka doit affronter. L'obstacle que Vṛθragna permet de briser ne se réduit donc pas à un blocage des eaux. Cette vision naturaliste et réductrice sans doute serait-elle acceptable pour l'interprétation du dieu védique *Índra*, mais, pour la compréhension du système iranien, force nous est de constater que l'écueil de la sécheresse est loin de faire toute la matière du Varhrān Yašt, le Yašt avec lequel le dieu Vṛθragna est honoré, ou même ne la fait en rien.

5.3. Le manque de cohérence du Varhrān Yašt

Le Varhrān Yašt «texte du sacrifice offert à Vṛθragna» manque de cohérence. Le caractère liturgique des dix premiers chapitres, le fait que chacun d'eux commence avec une phrase basée sur le verbe yazāmadai «nous offrons le sacrifice» avec le nom du dieu pour complément, est secondaire, car la phrase n'a aucun lien grammatical avec le reste du chapitre: immédiatement après la phrase en yazāmadai, nous lisons chaque fois une conversation (frašna) entre Zaraduštra et Ahura Mazdā dont les thèmes sont la définition de Vṛθragna et la description de ses dix apparitions.

La même situation prévaut aux chapitres XIV et XVI: après la phrase en yazāmadai avec laquelle ils s'ouvrent, commence directement aussi un frašna. Les chapitres XVIII, XIX et XX, eux aussi avec présence secondaire ou artificielle de la phrase en yazāmadai, collectionnent des manθra.

En revanche, les chapitres XI-XIII, XV et XXI-XXII sont pleinement de type liturgique, puisque le reste y forme une extension grammaticale de la phrase en yazāmadai.

Une situation intermédiaire est celle du chapitre XVII qui commence par être de type liturgique (§ 14.47), poursuit avec un frašna (§§ 14.48-53) contenant des éléments étiologiques et se termine avec un fragment de la version étiologique du yašt (§§ 14.54-56).

L'auteur du collage recueillit dans un premier temps divers types de textes qui eussent un rapport avec le monde animal: les apparitions de Vṛθragna sous la forme de diverses victimes sacrificielles (I-X); les qualités d'un poisson extraordinaire, de l'étalon et du vautour que le dieu Vr̥θragna octroya à Zaraduštra (XI-XIII); le pouvoir protecteur que possède la plume de faucon (XIV); une allusion à l'oiseau mythique, le Saina Mr̥ga (XV).

Les frašna des chapitres XVI et XVII traitent du sacrifice qui est offert à Vr̥θragna dans le combat et de divers aspects étiologiques de son culte parmi lesquels nous remarquerons une allusion faite au sacrifice animal de type réprouvé que d'énigmatiques démons, les Viambura, suscitent ou encouragent.

Les deux derniers chapitres, XXI et XXII, qui nous présentent Vr̥θragna sur le champ de bataille, proviennent visiblement de la partition d'un seul et même chapitre: le diascévaste y aura procédé dans son désir d'arriver à la quantité si appréciée de 22 chapitres[36].

5.4. Les métamorphoses de Vr̥θragna (14.1-29)

Vr̥θragna doit personnifier le pouvoir antidémoniaque non seulement de la composante verbale de la cérémonie sacrificielle, mais aussi de l'ensemble du sacrifice ou de ses éléments, car, dans la première partie du Varhrān Yašt, il apparaît à Zaraduštra successivement sous les traits de diverses victimes sacrificielles: je comprends que le dieu, avec de telles apparitions, cherche à montrer à Zaraduštra quels pouvoirs magiques, quelles vertus antidémoniaques se dégagent de l'immolation de ces victimes et de leur offrande.

Certes, parmi les dix apparitions, il en est une, la première, dont cette compréhension ne peut rendre compte: le vent. Nous remarquerons ici que le dieu vent, l'audacieux Vāta, reçoit souvent l'épithète de vr̥θrajan, ce qui fait de lui une illustration de la qualité que Vr̥θragna représente. Par ricochet, Vr̥θragna, avec cette première apparition, fait montre de son caractère intrépide et guerrier. Les victimes qui suivent viennent, pourrions-nous dire, corriger cette première

[36] La diascévase des livres de l'Avesta recourait souvent aux multiples de onze, notamment 22 et 33. Et la collection des textes réunis dans le manuscrit F1 compte 33 pièces dont 22 Yašt.

impression: le combat, qui n'est pas simplement militaire ou guerrier, se situe sur un plan religieux et voit s'affronter deux obédiences, celle qui cherche à promouvoir l'harmonie du monde et celle qui en fomente les dysfonctionnements.

Les dix apparitions de Vr̥θragna devant Zaraduštra ont pour but de définir le dieu comme force du rituel:

— 1. le dieu Vent (Vāta Mazdādāta);
— 2. le taureau (gau r̥šan);
— 3. le cheval (aspa);
— 4. le chameau (uštra);
— 5. le sanglier (hu varāza);
— 6. l'homme (nar);
— 7. l'autour (mr̥ga vārgna[37]);
— 8. le bélier (maiša);
— 9. le bouc (buza);
— 10. Raivant Mazdādāta.

Aux exceptions du vent mazdādāta qui ouvre la série et du héros mazdādāta qui la referme, toutes les apparitions sont celles de victimes sacrificielles. Parmi celles-ci, l'homme en sixième position. La force que le rituel développe avec de telles immolations est ici l'aujah (védique *ójas-*), l'ascendant que le guerrier peut avoir sur son adversaire, son plus par rapport à l'ennemi. Les dieux en sont les utilisateurs: grâce à cette force que la cérémonie sacrificielle leur procure, ils sont en mesure de vaincre les forces délétères et ténébreuses. L'aujah du guerrier va de pair avec son âge, celui du jeune adulte plein de sève. Voilà pourquoi il a été choisi comme victimes sacrificielles des animaux reconnus pour leur puissance de reproducteurs et leur combativité.

Le vent, qui doit être ici le dieu Vent (Vāta) pour recevoir l'épithète de mazdādāta «que (le dieu suprême Ahura) Mazdā mit en place», est le guerrier par excellence: audacieux, briseur d'obstacles, flanqué de la déesse de la bravoure masculine Nariyā Hamvr̥ti, sait-on par ailleurs.

[37] La forme du nom de cet oiseau (*vārəγna-*) n'est pas assurée.

Quant au héros (vīra) qui referme la liste, ce doit être aussi une divinité pour être semblablement qualifié de mazdādāta, mais elle reste non identifiée. Nous pourrions adopter la conjecture que son nom est à reconnaître dans ce qui ne serait à première vue qu'une épithète: Raivant «le riche». Cependant, le Zamyād Yašt 19.68.1, pour illustrer la puissance de l'allégorie de la fortune des Kavi, Kāvya Hvarnah, dresse une liste de trois termes dans laquelle le héros est mis sur le même pied que le cheval et le chameau: «Kāvya Hvarnah a la puissance du cheval, a la puissance du chameau, a la puissance du vīra». Étymologiquement, le vīra est celui qui, pour leur sauvegarde, accompagne (√ vī) les troupeaux, donc un pasteur, mais aussi un guerrier. Dans le Varhrān Yašt, c'est un riche personnage en tenue de gala avec son glaive ciselé d'or. Je n'écarte dès lors pas d'y voir le paradigme divinisé de l'adorateur capable de régler les honoraires sacerdotaux et de payer les frais d'une cérémonie sacrificielle qui a comporté de telles immolations.

Le taureau, la première forme animale qu'adopte Vṛθragna pour apparaître devant Zaraduštra, n'est pas non plus n'importe quel taureau: il porte des cornes d'or. Avec le cheval qui, dans la liste des dix apparitions, suit le taureau, il est aussi question de couleur. Pour moi, l'adjectif *a(o)uruša-* (= védique *aruṣá-*), à dériver du nom du coup ou de la blessure, védique *áruṣ-*, ne peut signifier «blanc» comme il a été dit: le cheval est, disons, «rosâtre» (aruša). Et, avec le paragraphe Yt 14.39 et les listes védiques de victimes sacrificielles, c'est, plus exactement, un étalon (aspa ṛšan) aux oreilles jaunes. Celles-ci rappellent celles de l'un des deux chiens que les mazdéens, à des fins purificatrices, se faisaient un devoir de faire passer à trois reprises sur les chemins empruntés pour le transport d'un cadavre (Vidēvdād 8.16). J'en déduis que les oreilles jaunes constituent ici un trait apotropaïque comme là elles étaient à même d'éloigner Druj Nasu, la diablesse de la décomposition des cadavres et de la pollution qui en dérive. Ce trait apotropaïque est aussi celui du cheval sous la forme duquel, dans le Tištar Yašt 8.16 et 20, Tištriya combat Apauša, le démon de la misère. Pour ce combat, Tištriya, l'astre Sirius, dont le rôle est notamment de distribuer les eaux qu'attendent les paysans, adopte trois formes successives (Yt 8.13,16,18): l'homme de quinze ans, le taureau aux cornes d'or, l'étalon aux oreilles jaunes, trois apparences que la liste du Varhrān Yašt retient aussi. L'auteur de l'éloge védique du cheval à immoler (*aśvastuti*) ne s'est pas embarrassé, quant à lui, de la considération de savoir lequel des deux animaux, le taureau ou l'étalon, était, pour la vraisemblance, le plus apte à recevoir des cornes d'or: la strophe RS 1.163.9 fait état d'un coursier aux cornes d'or, rapide comme la pensée, auquel *Índra* lui-même était inférieur. L'anomalie du cheval cornu est à tempérer sur base de la découverte faite dans des tombes scythes de chevaux immolés portant des bois postiches de cerf. Sans doute pouvaient-ils, avec tel accoutrement, épouvanter les démons et assurer à l'âme du défunt un voyage sans encombres jusqu'au paradis. La remarque n'est pas sans intérêt si l'on sait que Vr̥θragna, dans le Dādestān ī Mēnōg ī Xrad[38] 2.115, figure parmi les dieux psychopompes. Car, adversaire attitré du démon Astah-vidātu «capable de disloquer le squelette», Vr̥θragna escorte l'âme et assure sa sauvegarde.

L'acuité visuelle de l'étalon qui est aussi celle d'un animal aquatique non identifié, le kara, et du vautour, fera l'objet d'un autre développement (Yt 14.31.2), mais, là aussi, en rapport avec la fougue sexuelle.

La description du chameau, quatrième épiphanie du dieu, est plus détaillée, mais, comme d'autres, elle tient beaucoup du cours d'histoire naturelle. Certes, c'est surtout pour mettre en avant le comportement d'un animal en rut. Lui aussi reviendra dans la suite du Varhrān Yašt, et à côté de l'étalon et de la rivière en crue (14.39).

Le sanglier et le bélier qui, dans le Yt 17.56, est entouré d'une centaine de femelles pleines, cinquième et huitième épiphanies du dieu, sont eux aussi des reproducteurs chevronnés. Et l'homme est âgé de quinze ans comme l'apparence de jeune homme que revêt l'âme du pieux défunt qui, dès son arrivée dans l'au-delà, féconde la conscience

[38] L'un des livres pehlevis.

religieuse (dainā) pour engendrer un combattant eschatologique, un saušyant.

La valeur d'attaquant est soulignée pour plusieurs des animaux de la liste: le chameau, le sanglier, l'autour, le bouc. Si la description est parfois succincte, ce n'est à coup sûr jamais dû qu'aux hasards des survivances textuelles: nous pouvons admettre que pratiquement toutes les victimes sacrificielles ont en commun deux caractéristiques fondamentales, l'une sexuelle de mâle reproducteur, l'autre guerrière d'attaquant.

La série des dix apparitions de Vr̥θragna a fait l'objet de comparaisons avec celle des victimes sacrificielles védiques, mais aussi avec celles des *avatāra* de *Viṣṇu* et des travaux d'Hercule. L'Inde épique et la Grèce associent aussi des mythes de luttes contre les démons ou de défenses du monde organisé à plusieurs figures animales, mais je ne m'éloignerai pas davantage de l'Iran pour laisser cela aux comparatistes.

5.5. L'acuité visuelle que Vr̥θragna octroya à Zaraduštra (14.28-33)

Vr̥θragna ne personnifie pas seulement les aptitudes du guerrier et sa puissance sexuelle: le deuxième thème traité dans le Varhrān Yašt concerne quelques excellences corporelles dont le dieu gratifia Zaraduštra, certes la maturité sexuelle, la force des bras, la fermeté et le charme du corps, mais aussi une acuité visuelle extraordinaire, semblable à celle dont jouissent trois animaux, une sorte de cétacé (kara), le vautour (karkāsa) et l'étalon (aspa r̥šan), pour illustrer les trois cas de la vue, depuis l'endroit le plus profond, depuis l'endroit le plus éloigné à l'horizontale et dans l'obscurité la plus grande. Il est important de constater que de telles excellences sont pratiquement aussi celles que, dans le Dēn Yašt, Zaraduštra obtint de la déesse Cistā (Yt 16.5-13), l'accélération des pieds, l'ouïe des oreilles, l'ascendant, la fermeté et le charme de tout le corps tout comme l'acuité visuelle, même si l'ordre des animaux sollicités pour l'évocation de cette dernière y est un peu différent: le kara, l'étalon, le vautour. Cette coïncidence que nous trouvons entre Vr̥θragna et la déesse Cistā n'est sans doute pas anodine. Cistā «qualité de ce qui est remarqué ou détecté» est une sorte de *sophia* divine, la bonne intelligence des préceptes religieux, avec laquelle se confond Dainā, la religion mazdéenne zoroastrienne elle-même, comme patronne du 24e jour du mois. Si la bonne religion aussi bien que lui sont à la source des excellences corporelles de Zaraduštra, c'est que Vr̥θragna en représente la virulence antidémoniaque. Les mots du mazdéisme ont des vertus purificatrices et de mise au point de l'individu. Zaraduštra fut en quelque sorte optimalisé par Vr̥θragna et Cistā pour leur avoir offert le sacrifice et leur avoir demandé que les séquences rituelles entreprises pussent avoir raison des obstacles et du dysfonctionnement.

Une nouvelle fois, le domaine de l'activité sacerdotale et le terrain sacrificiel voient s'opposer les deux camps, celui des dieux qui doivent connaître la victoire et celui des forces contraires qui sont à exterminer. Il reste que les trois chapitres XI-XIII, avant de faire état de l'acuité visuelle que Zaraduštra obtint de lui, donnent de Vr̥θragna une définition assez inattendue: il nous fait arriver à la maturité sexuelle, nous fait vieillir et nous promet le renouveau, exactement donc comme Zarvan, le Temps. La rénovation (fraxšakr̥ti) dont il est ici question est celle du passage du fini à l'infini avec la victoire définitive que les êtres harmonieux remporteront sur ceux qui, par leurs pensées, leurs paroles et leurs actes inadéquats et inconsidérés, sont la cause de tous les dysfonctionnements. Le temps ne courra plus, le Soleil restera au zénith pour un jour sans limites. Cette fixité du temps où l'on a toujours quinze ans prévaut dans le Garah Dmāna, le paradis. Sa conscience religieuse, la pratique qui fut la sienne, y conduira l'âme de l'adorateur défunt. Or, faut-il voir, cette pratique fut notamment d'exercer de l'influence sur les dieux et de mettre en place avec leur aide une existence rituelle qui annonçât l'existence excellente de l'âme au delà de la mort. Vr̥θragna, comme symbole de la force des rites et de leur combativité, à l'image du Temps inéxorable qui nous conduit au trépas et nous permet d'accéder ainsi à l'autre monde, est l'un des dieux psychopompes, celui qui veille au maintien de l'intégrité de l'âme lorsque celle-ci, sur le chemin menant au jugement et au pont, subit quelques attaques démoniaques. Ceci dit, je ne vois pas quel est au juste le rapport que cette définition entretient avec les excellences et, en particulier, avec l'acuité visuelle que le dieu ainsi défini octroya à Zaraduštra.

5.6. La protection que confère la plume de faucon (14.34-40)

Le troisième thème traité concerne lui aussi le caractère guerrier de Vr̥θragna, mais, cette fois, nous nous situons de façon plus explicite sur le terrain magique. La plume de faucon, accompagnée de la récitation de manθra, fait office de vr̥θragna, de sauf-conduit ou de protection antidémoniaque du roi. C'est que l'ennemi politique ou l'envahisseur, pour être combattus, doivent être considérés comme des impies.

Le roi est ici un roi légitime, qui s'inscrit dans la lignée de personnages insignes du passé énumérés dans un ordre chronologique inverse: les descendants de Husravah, Kavi Usan et Θrāitauna, trois allusions qui nous renvoient au Livre des Rois (Šāhnāma). Les descendants de Husravah, le roi modèle, étaient ceux qui régnèrent à l'époque de Zaraduštra, notamment Kavi Vištāspa, le premier roi protecteur du mazdéisme zoroastrien, tandis que Kavi Usan, le plus fameux des rois de la dynastie des Kavi, est un ancêtre de Husravah et que Θrāitauna, prince héroïque, de l'époque où les nations restaient encore indifférenciées, leur est encore antérieur. Seuls certains exploits que Vr̥θragna permit à ce dernier personnage sont évoqués qui sont tous de frappe d'ennemis surnaturels: rien de moins que la mise en déroute des trois principaux démons que sont le serpent tricéphale Dāhaka, la diablesse Druj et l'archidémon Ahra Manyu. Comme la dynastie des Kavi est d'origine sacerdotale et que les exploits énumérés du héros guerrier sont d'avoir eu raison de démons tels que le feu du mauvais rituel, le principe du dysfonctionnement cosmique et celui de la mauvaise obédience, force nous est de penser qu'il est ici question de pratique religieuse: Vr̥θragna, symbolisé par la plume de faucon, fut le moyen rituel de remporter la victoire.

5.7. Saina Mṛga et les nuages (14.41)

Je ne sais que dire du court chapitre XV dont le texte paraît incomplet ou fragmentaire et dont le contenu reste mal assuré, si ce n'est que l'ambiance semble y être de troisième fonction dumézilienne: la maison, les vaches, la prospérité. L'oiseau fantastique de l'épopée persane, le *Symry* (< vieil-iranien saina mṛga), est ici nommé dans une comparaison concernant la prospérité à côté de figures animales que, semble-t-il, la tradition manuscrite a confondus avec des nuages.

5.8. Le sacrifice à offrir à Vṛθragna avant le combat (14.42-47)

Avec le XVIe chapitre et le début du XVIIe, il est à nouveau question de plumes. L'ambiance est cette fois clairement guerrière puisque deux armées vont s'affronter sur le champ de bataille. Et, dans de pareilles circonstances, il vaut mieux avoir Vṛθragna de son côté. Seront chanceux les premiers à lui offrir un sacrifice qui est ici très sommairement décrit: l'une des séquences de la cérémonie fait intervenir des plumes à disposer d'une certaine manière, et quelques manθra sont enseignés. Le dieu Vṛθragna est lui-même mis en scène: ses allées et venues entre les deux lignes viennent questionner les guerriers comme si ceux-ci, avant la charge, passaient leur vie en revue et se demandaient quel serait, au cas où la mort devrait survenir, le verdict des juges aux portes de l'au-delà.

5.9. La vertu du sacrifice offert à Vṛθragna (14.48-53)

Réponse à une question absente, la suite du XVIIe chapitre revient sur le sacrifice qu'il convient d'offrir à Vṛθragna. Fragment d'un entretien que le grand dieu avait accordé à Zaraduštra et qui constituait la version juridique du Yašt, cette partie traite du sacrifice offert à Vṛθragna, mais c'est, dans un premier temps, de façon assez générale. Allusion est faite à certains détails comme les caractérisques de la victime sacrificielle requise pour la célébration.

La compréhension bute sur l'identité des personnages, le marya et la jahikā[39], qu'il serait dangereux de voir y consommer portion des libations, mais le danger envisagé se situe à tous les niveaux: les nations iraniennes connaîtraient la maladie, les inondations, les invasions. Parmi les invasions dont il est fait état, il en est une d'un ennemi qui est non exactement humain, mais plutôt surnaturel: la horde (hainā) que forment les démones de l'impiété menace les nations aryā qui, primitivement, se définissaient comme étant celles au sein desquelles la bonne obédience devait être de mise.

5.10. Vr̥θragna contre les Daiva Viambura (14.54-56)

La fin du chapitre XVII ne pouvait originellement faire suite à l'entretien que Mazdā avait accordé à Zaraduštra. Comme c'est à présent Vr̥θragna qui prend la parole, il est probable que cette fin du chapitre provienne de ce qui constituait la version étiologique du Yašt. Au lieu de la plainte que formulèrent d'autres dieux devant Mazdā de ne pas être honorés du sacrifice, Vr̥θragna proclama une interdiction, mais peut-être était-ce après que le dieu suprême avait accédé à sa demande que le sacrifice lui fût offert à lui aussi. La raison pour laquelle Vr̥θragna interdit que le sacrifice fût offert à Nr̥š Ruvan et à Gauš Ruvan, l'âme de l'homme et l'âme de la vache, m'échappe: pourquoi, avant de leur rendre un culte, faut-il attendre la disparition complète du mauvais rituel dont les Daiva sont les instigateurs? Le nom des Daiva incriminés, les Viambura, fait lui aussi difficulté: comme ils ne sont jamais nommés ailleurs dans la littérature mazdéenne, nous ne pouvons nous appuyer que sur ce seul passage qui en dit trop ou n'en dit pas assez et sur l'étymologie de leur nom qui est incertaine. Quelle que soit cette dernière, il faudrait encore pouvoir vérifier si viambura est bien ici le nom de certains Daiva en particulier ou si ce n'est jamais qu'une épithète applicable à tous les Daiva.

---

[39] Je donne dans les notes concernant le passage (8.59 = 14.51) des éléments d'hypothèse.

5.11. Quelques manθra (14.57-60)

Les chapitres XVIII-XIX, essentiellement faits de manθra, tout au moins à première vue, ne parlent pas de Vr̥θragna, mais le Hauma du premier manθra est qualifié de vr̥θrajan «briseur d'obstacles», autrement dit: possesseur de cette qualité que Vr̥θragna est.

Je ne sais comment interpréter la mention de Pr̥tana dans la suite: si ce dernier est à identifier comme un personnage bien précis, la première personne grammaticale des manθra pourrait représenter Kavi Vištāspa, puisque l'un des ennemis que ce roi eut à combattre, sait-on par ailleurs, portait ce nom. Le doute réside à vrai dire dans le sens de ce nom, «combattant, adversaire», qui peut donc convenir à la désignation de n'importe quel ennemi.

Les choses ne sont guère plus claires dans la suite: qui sont donc ces princes qualifiés de myriarques (baivarpati)?

5.12. Les derniers chapitres (14.61-63)

Les chapitres XX-XXII semblent secondaires. Avec le XXe, j'ai l'impression de me trouver en présence d'un groupe de formules destiné à clôturer le Yašt. Quant à eux, les deux chapitres suivants qui sont aussi les derniers, résultent de la division d'un seul et même chapitre qui, vu les formules du XXe, serait à considérer comme supplémentaire. Il y est question du Vr̥θragna purement guerrier, celui qui est à l'œuvre en pleine guerre, mais il est vrai que les lignes ennemies sont constituées non seulement d'impies mortels, accompagnés des prêtres représentatifs de la mauvaise religion, mais aussi des Daiva eux-mêmes.

TIŠTAR YAŠT (Yt 8)

[1]**Ici commence le culte rendu à Tištriya.**

[8.0. Formules préliminaires]

8.0.1. (= 1.0.1, 10.0.1, etc. ; Y 0.0) [2]Au nom des Yazata[3].

8.0.2. (= 1.0.2, 10.0.2, etc.) [4]Que du seigneur bienfaisant Ahura Mazdā[5] la gloire et le hvarnah[6] s'accroissent!

8.0.3. [7]Que vienne aussitôt le riche et fortuné[8] Tištriya (sur les lieux du sacrifice que nous lui offrons) !

8.0.4. (= 1.0.4, 10.0.4, etc.) (Avant de commencer la cérémonie,) [9]pour tous mes crimes je fais pénitence, pour toutes les pensées mauvaises, toutes les paroles mauvaises, tous les gestes mauvais que j'aie pu contracter, dire et commettre dans le monde matériel, dans lesquels j'aie pu choir, dans lesquels j'aie pu m'installer, pour ces crimes de pensée, de parole et de

---

[1] Rédigé en pehlevi.

[2] Rédigé en pāzand (= moyen perse tardif écrit en caractères avestiques). Dans les traductions de ce qui est rédigé en pāzand, je recours aux noms propres vieil-iraniens correspondants.

[3] Les Yazata (védique *yajatá*) «adorables» forment la catégorie des dieux qui se définissent par la nécessité que le sacrifice leur soit offert.

[4] Rédigé en pāzand.

[5] Le dieu suprême Ahura Mazdā appartient à toutes les catégories divines. Sa dénomination la plus courante réunit le substantif ahura «roi», en raison de son statut suprême, et l'adjectif mazdā «source de sagesse, informateur», en raison des précieux entretiens qu'il avait accordés principalement à Zoroastre (Zaraduštra).

[6] Capacité du roi d'alimenter ses sujets et possibilité qu'ils ont de s'alimenter sans difficulté y compris dans l'au-delà où ce hvarnah constitue la félicité.

[7] Rédigé en pāzand.

[8] Hvarnahvant «pourvu de hvarnah, fortuné». Le hvarnah est tout à la fois la garantie de se nourrir sans restriction et la capacité qu'a le souverain d'assurer l'alimentation de ses sujets. Les dieux veillent à garantir la nourriture aux pieux adorateurs.

[9] Rédigé en pāzand.

geste[10], qui affectent le corps ou l'âme, qui affectent le monde matériel ou le monde immatériel. Je me repens et fais pénitence de ces trois types de crimes.

8.0.5. (= 1.0.5, 10.0.5, etc. ; Y 0.14.1) (Les séquences rituelles préliminaires que voici) permettent (d'entreprendre cette cérémonie:) l'attention réservée à Ahura Mazdā, la frustration réservée à Ahra Manyu[11].

8.0.6. (= 1.0.6, 10.0.6, etc. ; Y 0.14.2, 50.11dd') [12]Que (le manθra[13]) soit accompli d'un (geste) authentique dont (l'effet), grâce à (Ahura Mazdā, soit) optimal!

8.0.7. (= 1.0.7, 10.0.7, etc. ; Y 11.17) [14]Je m'engage à penser les pensées bonnes, à dire les paroles bonnes, à exécuter les gestes bons. Je considère devoir adopter toutes les pensées bonnes, toutes les paroles bonnes et tous les gestes bons. Je considère devoir rejeter toutes les pensées mauvaises, toutes les paroles mauvaises et tous les gestes mauvais.

8.0.8. (= 1.0.8, 10.0.8, etc. ; Y 11.18) [15]À vous les Amr̥ta Spanta, je vous destine le sacrifice et le chant avec la pensée, avec la parole et avec le geste; [16]à la recherche de l'existence

---

[10] Les trois niveaux du comportement rituel de l'adorateur. Il s'agit non d'éthique, mais de technique rituelle correcte.

[11] La «mauvaise opinion», c'est l'archidémon. Il s'oppose généralement à Spanta Manyu «l'opinion qu'Ahura Mazdā est savant», mais, de temps à autre, Ahura Mazdā lui-même se substitue à Spanta Manyu ou s'identifie à lui.

[12] Citation vieil-avestique (c.-à-d. en vieil iranien archaïque).

[13] Le texte sacré vu comme instrument ou matière de la pensée rituelle, c'est-à-dire celui à l'analyse duquel, à la prononciation duquel et à l'accomplissement duquel le rite ou la séquence rituelle recourent.

[14] Le caractère vieil-avestique de cette citation reste controversé.

[15] Citation d'inspiration vieil-avestique.

[16] Autre possibilité: «(je vous destine le sacrifice et le chant) avec la recherche de l'existence rituelle et (avec la récitation de l'hémistiche Y 33.14a') "la faculté que mon propre corps a de se mouvoir"».

(rituelle), (je vous) de(stine) la faculté que mon propre corps a de se mouvoir[17].

8.0.9. (= 1.0.9, 10.0.9, etc. ; Y 11.19.1) [18]Je fais l'éloge de R̥ta[19].

8.0.10. (= 1.0.10, 10.0.10, etc. ; Y 27.14) [20]L'excellent (mot) se situe (dans le syntagme) «le bon R̥ta» (de Y 51.20b) (et

---

[17] Ceci s'inspire de l'hémistiche vieil-avestique Y 33.14a'. L'uštāna «faculté de se mouvoir» est une des parties immatérielles de l'individu. Étymologiquement: «ce qui dépend du voulu».

[18] Citation vieil-avestique.

[19] Le dieu «harmonie, bon agencement», l'un des Amr̥ta Spanta. Souvent confondu avec la déification du texte Y 27.14 qui traite de lui et est donné tout de suite.

[20] Ce texte (Y 27.14), appelé R̥ta Vahišta «harmonie excellente», est en réalité un fragment de commentaire spéculatif fort ancien des Gāθā, mais qui n'a plus été reconnu comme tel pour devenir une formule sacrée, tout particulièrement vénérée, à la récitation de laquelle étaient attribuées les plus grandes vertus antidémoniaques. Dans les textes médiévaux, il est souvent fait référence à ce texte par son incipit *aṣ̌əm vohū* «R̥ta bon». Logomachie étrange à première vue, le R̥ta Vahišta apparaissait probablement ainsi aux rédacteurs de l'Avesta dit récent, c.-à-d. non archaïque, et ils furent séduits par la récurrence qu'ils y trouvaient de mots chargés d'un sens aussi important que le sont r̥ta «l'harmonie» (orthographié *aṣ̌a-* = védique *r̥tá-*), mentionné trois fois, et l'exclamation uštā «À volonté!», mentionnée deux fois, avec laquelle était décrite la condition de l'âme du bienheureux qui, dans l'au-delà, ne manque de rien. À regarder la phrase de plus près, nous pouvons y reconnaître le fragment d'une réflexion spéculative faite sur des passages des Gāθā. L'hémistiche gâthique Y 51.8b' nous fournit la clé de sa compréhension: uštā yah r̥tam dādrai «À volonté (pour celui) qui a toujours soutenu l'harmonie!». L'idée exprimée rappelle le fameux *dhárma* indien, «le fait de soutenir ou maintenir (l'harmonie ou bon agencement entre les divers éléments du monde ou les diverses composantes de la société, dont la Formule *bráhman* est la traduction verbale)». L'auteur du R̥ta Vahišta a voulu comprendre ou est arrivé à la compréhension que s'y trouvait posée l'équation uštā = r̥tam. En transportant le fruit de cette équation dans Y 43.1a uštā ahmāi «À volonté pour lui!», qui ouvre l'Uštavatī Gāθā, et en estimant que le pronom ahmāi faisait référence à R̥ta «l'harmonie», il est arrivé à la conclusion que **r̥tam

l'exclamation) «À volonté!» se situe (dans le syntagme) «À volonté pour lui!» (de Y 43.1a), (syntagme dans lequel il est à comprendre) que l'excellent R̥ta est pour lui. *ter*

8.0.11. (= 1.0.11, 10.0.11, etc. ; Y 11.16.2) [21]Je choisis d'être mazdéen et zoroastrien, de repousser les Daiva et de suivre l'enseignement d'Ahura (Mazdā).

8.0.12. (= 1.0.12, 10.0.12, etc.) (Selon le cas, dire:) — Pour Hāvani[22] harmonieux, exemple[23] d'harmonie. Et pour le

---

r̥tāi «l'harmonie est pour l'harmonie», sans doute en voulant dire par là qu'elle se justifie d'elle-même. Cette justification, pouvons-nous avancer, constituerait alors l'«excellence» de l'harmonie qui, pour sûr, dans le Y 51.20b r̥tam vahu manahā «l'harmonie bonne au moyen de la pensée», reçoit l'épithète de vahu «bonne, divine». Ceci paraît reflété dans le nom de Darius: vieux-perse dāraya-vahu «celui qui soutient la bonne (harmonie)». Le R̥ta Vahišta avait fini par être assimilé au dieu harmonie à tel point que, parfois, nous ne pouvons plus discerner dans les textes les plus récents de l'Avesta si le mot r̥ta désigne l'harmonie ou si ce n'est jamais que le nom du Y 27.14.

[21] Cette phrase (Y 11.16.2), intitulée Fravr̥ti «engagement», fragment de texte partiellement archaïque, constitue la profession de foi mazdéenne zoroastrienne. Avec sa récitation marquée par le cas de coïncidence, l'adorateur s'engage à être mazdéen zoroastrien, c'est-à-dire à offrir le sacrifice à Mazdā et à le faire en observant scrupuleusement les enseignements de Zaraduštra (Zoroastre). Cet engagement personnel était vu comme l'une des parties immatérielles et immortelles de l'individu et, partant, était déifié. Le Fravardīn Yašt (Yt 13) est consacré à ces nombreuses déesses que sont les Fravr̥ti. Comme Zaraduštra était le docteur réputé avoir été informé directement par Ahura Mazdā lui-même sur les attendus du rituel, il convient que les mazdéens se conforment à ses paroles qui reproduisent les divines: le vrai mazdéen est un zoroastrien.

[22] Les cinq génies tutélaires des parties du jour (Hāvani, Rāpiθvina, Āuzayarina, Abisruθrima Abigāya y Āušahina), c'est-à-dire ceux du matin, du midi, de l'après-midi, de la nuit et de l'aube, ont cinq auxiliaires agricoles (Sāvahi, Frādatfšu, Frādadvīra, Frādadvispāhujyāti, Br̥jaya) et cinq autres (Visiya, Zantuma, Dahyuma, Zaraduštratama, Dmāniya) qui portent les noms des cinq grades hiérarchiques de l'organisation sacerdotale correspondant aux cinq cercles d'appartenance sociale qui, dans l'ordre de leur apparition dans le texte, sont le clan ou le village, le district ou la tribu, la nation ou le pays, le

sacrifice[24] et pour le chant et pour l'attention et pour la proclamation. Pour Sāvahi et pour Visiya harmonieux, exemple(s) d'harmonie. Et pour le sacrifice et pour le chant et pour l'attention et pour la proclamation;

8.0.13. (= 1.0.13, 10.0.13, etc.) — Pour Rāpiθvina harmonieux, exemple d'harmonie. Et pour le sacrifice et pour le chant et pour l'attention et pour la proclamation. Pour Frādatfšu et pour Zantuma harmonieux, exemple(s) d'harmonie. Et pour le sacrifice et pour le chant et pour l'attention et pour la proclamation;

---

monde ou l'empire, la famille ou la maison. Le groupe de trois génies auquel il convient d'adresser l'invocation dépendra du moment dans lequel se déroule la cérémonie, mais nous ne connaissons pas les critères exacts avec lesquels la cérémonie, en tout ou en partie, était célébrée à tel ou tel moment du jour.

[23] Il n'y a pas de moments du jour qui se chevauchent, qui empiètent l'un sur l'autre, ni d'intervalles entre eux. Le parfait ajustement qui les caractérise et le parfait agencement qu'ils configurent leur donnent le nom de ratu de r̥ta «pièces parfaites du bon agencement, exemples de l'harmonie». Les divisions du temps qui s'articulent entre elles de forme impeccable reçoivent ce même nom de ratu (< proto-indo-européen *H_2r-étu-) dont le correspondant védique approximatif, *r̥tú* (<proto-indo-européen *H_2r-tú-), n'a plus conservé que les sens de «temps opportun, saison», tandis que le mot grec *artús*, recueilli par Hésychius qui le rend par *súntaxis*, conserve le sens fondamental proto-indo-européen. En cas de rituel non dûment et correctement accompli, le temps même, pouvons-nous penser, perdrait sa structure et son rythme: ce sont les fêtes des saisons qui fondent le changement ordonné des saisons, non l'inverse.

[24] Le mot «sacrifice» (yasna) est à prendre littéralement: c'est la séquence ou le groupe des séquences rituelles «qui rendent sacré», autrement dit: consistant à prononcer les paroles qui convertissent un animal ou un végétal en offrande faite à la divinité. À côté de cette offrande et de son habillage verbal, d'autres séquences ou paquets séquenciels sont ici énumérés: le chant avec lequel éloge est fait de la divinité; l'attention qu'on lui porte en l'accueillant comme il se doit et en la servant; la proclamation (frasasti), le rappel de ses hauts faits ou prouesses passées.

8.0.14. (= 1.0.14, 10.0.14, etc.) — Pour Āuzayarina harmonieux, exemple d'harmonie. Et pour le sacrifice et pour le chant et pour l'attention et pour la proclamation. Pour Frādadvīra et pour Dahyuma harmonieux, exemple(s) d'harmonie. Et pour le sacrifice et pour le chant et pour l'attention et pour la proclamation;

8.0.15. (= 1.0.15, 10.0.15, etc.) — Pour Abisruθrima Abigāya harmonieux, exemple d'harmonie. Et pour le sacrifice et pour le chant et pour l'attention et pour la proclamation. Pour Frādadvispāhujyāti et pour Zaradǔstratama harmonieux, exemple(s) d'harmonie. Et pour le sacrifice et pour le chant et pour l'attention et pour la proclamation;

8.0.16. (= 1.0.16, 10.0.16, etc.) — Pour Āušahina harmonieux, exemple d'harmonie. Et pour le sacrifice et pour le chant et pour l'attention et pour la proclamation. Pour Br̥jaya et pour Dmāniya harmonieux, exemple(s) d'harmonie. Et pour le sacrifice et pour le chant et pour l'attention et pour la proclamation.

8.0.17. Avec l'attention réservée à Tištriya, le riche et fortuné, et à Sātavisa[25], l'(astre) qui suit le courant (d'Ap Anāhitā[26]), l'(astre) opulent qu'(Ahura) Mazdā mit en place[27].

8.0.18. (= 1.0.18, 10.0.18, etc., 11a.7.1gh) Pour le sacrifice et pour le chant et pour l'attention et pour la proclamation.

8.0.19. (= 1.0.19, 10.0.19, etc.; Y 3.25.2) [28]Le zautar (= prêtre libateur) me dit: «L'(opinion) à laquelle il faut adhérer

[25] L'étoile Fomalhaut. Cf. S 1.13.1-2.

[26] La rivière céleste, la Voie Lactée.

[27] Peut-on tout à fait exclure que, certes contre le Sīh-rōzag, il y ait ici un troisième dieu: Sura Mazdādāta «le (génie du) matin qu'(Ahura) Mazdā mit en place», au lieu de lire sūra «opulent»?

[28] Ce passage est la version dialoguée de l'Ahuna Variya (Y 27.13, sur quoi voir ci-dessous 8.62.2) entre le zautar et les autres officiants (ou leur représentant). Le Y 11.16 en contient une version plus étendue: Le zautar me dit: «L'(opinion) à laquelle il faut adhérer avec l'existence ...», et, quand le zautar me dit: «L'(opinion) à laquelle il faut adhérer avec l'existence ...», le

avec l'existence...», et le r̥tavan («harmonieux»[29], = l'un des autres prêtres ou le sacrifiant) doit avec science donner (la suite de la phrase:) «...configure le modèle: sur base de R̥ta».

Chapitre premier

[Fragment de la version légale du Yašt]

8.1.1. (= 3.1.1, 10.1.1, 18.1.1) Ahura Mazdā dit à Zaraduštra descendant de Spitāma[30]:

8.1.2. <Il convient que tu offres le sacrifice à l'astre Tištriya riche et fortuné>. [31]Puissé-je préserver les mots «existence» (ahu) et «modèle» (ratu) présents (dans l'Ahuna Variya que tu prononceras à cette occasion) !

[Fragment]

8.1.3. [32]Nous procédons à l'offrande du sacrifice à la Lune, à la résidence et au banquet.

[Fragment]

8.1.4. (Tištriya dit à Zaraduštra:) Mon hvarnah[33], quand il accompagne les astres (ainsi) pourvus de hvarnah plutôt que la lune, (les Yazata)[34] le distribuent aux hommes.

---

r̥tavan doit avec science donner (la suite de la phrase:) «...configure le modèle: sur base de R̥ta».

[29] «Accompagné du bon agencement, harmonieux» (védique *r̥tā́van*): désignation générique de tous les êtres, divins, humains ou autres, qui sont impliqués dans la célébration des sacrifices correctement accomplis. Le féminin est r̥taunī.

[30] Le nom et la personnalité de cet ancêtre de Zoroastre restent obscurs.

[31] Traduction fort conjecturale en raison du manque de contexte. La portée exacte des deux qualités mentionnées de l'Ahuna Variya (sur lequel, voir la note concernant 8.0.19), à savoir celles de contenir les mots ahū «avec l'existence» et ratuš «facteur d'harmonie, plan, modèle», reste méconnue.

[32] Il faut peut-être comprendre ceci comme suit: «nous mettons en évidence le caractère sacré de l'instant de la cérémonie, qui a pu être déterminé sur base des cycles lunaires, du lieu de sa célébration et du banquet rituel».

[Sacrifice individuel]

8.1.5. J'offre le sacrifice au (dieu) qui fait arriver (l'eau) au champ, l'astre Tištriya, avec les libations.

[Sacrifices offerts à Tištriya et à d'autres divinités]

8.2.1. (= 8.3.3, etc.) Nous offrons le sacrifice à l'astre Tištriya riche et fortuné[35],

8.2.2. [36](Tištriya) avec qui réside Rāman[37], (Tištriya) qui, (dans l'au-delà,) dispose des bonnes résidences, (astre) [38]rosâtre, brillant, visible,

8.2.3. qui illumine au loin, guérisseur, le vol léger, de haute taille, qui illumine au loin de ses rayons brillants et inaltérables,

8.2.4. à la (déesse) Ap (Anāhitā) au large cours, à la déesse (Cistā)[39] au loin fameuse, au (dieu) Gauš Nāman que Mazdā mit en place[40], au puissant Kāvya Hvarnah[41] et à la Fravr̥ti[42] du r̥tavan Zaraduštra descendant de Spitāma.

[Formules conclusives des chapitres du Tištar Yašt]

8.3.1. (= 3.18.1, 10.4.1, 14.5.1, etc.) Avec sa richesse et son hvarnah.

---

[33] Ma capacité d'assurer l'alimentation.

[34] D'après 6.1.3.

[35] Ou: «accompagné de la richesse et du hvarnah».

[36] Cf. 10.4.4a.

[37] Cet acolyte de Miθra est l'allégorie de la tranquillité (voir 10.0.17).

[38] Cf. 10.68.2b.

[39] 10.126.2 donne cette déesse pour l'image de la religion mazdéenne.

[40] Gauš Nāman «la liste des noms de la vache» est une entité inconnue par ailleurs si ce n'est de RS, e. g. 4.1.16a *nā́ma dhenóḥ*. La vache dont il est question pourrait symboliser Dainā, mais la déesse Ap, la déesse fameuse et la vache pourraient bien n'être que la démultiplication stylistique de la première.

[41] Kāvya Hvarnah «la réserve de nourriture gérée par les Kavi» est le dieu auquel le Kayān Yašt (Yt 19.9-96) rend un culte.

[42] Voir la note concernant 8.0.11.

8.3.2. Je lui offre le sacrifice audible, à l'astre Tištriya, avec les libations.

8.3.3. Nous offrons le sacrifice à l'astre Tištriya riche et fortuné,

8.3.4. (= 3.18.4, 10.6.5, 14.5.4, etc.) avec le hauma[43] coupé de lait[44], avec le barsman[45], avec l'adresse de la langue et le manθra[46], avec la parole et le geste, avec les libations et les paroles à réciter d'une diction rectiligne[47].

8.3.5. (= 1.22.5, 10.6.6, 14.5.5, etc. ; Y 27.15.3) [48](Puis)qu'Ahura Mazdā sait, au cours de chaque sacrifice offert

---

[43] Le hauma (védique *sóma*), jus obtenu par le pressurage d'une plante dont l'identité reste fort controversée, est l'ingrédient phare des libations: il symbolise l'âme du sacrifiant. Son importance dans le sacrifice est sans nul doute à l'origine de la déification dont il fit l'objet.

[44] Ce coupage préfigure ou symbolise le mariage du ruvan et de la dainā.

[45] Instrument rituel constitué d'un faisceau de branches avec lequel l'officiant effectue certains mouvements.

[46] Le texte qui rend l'offrande sacrée.

[47] Les paroles sacrées dont la prononciation est en diction continue, c'est-à-dire sans pause et avec observation minutieuse des règles conditionnant les contacts et modifications phonétiques entre mots. Une pause indue est un trou par lequel les forces délétères pourraient s'introduire dans le rite.

[48] Cette phrase isolée (Y 27.15.3) reste d'interprétation controversée. Son succès fut important à en juger par la quantité de fois qu'elle est répétée dans les textes arrivés entre nos mains et de fois qu'elle est mentionnée dans les livres pehlevis. Il est habituel de la désigner par son incipit yahya hatām «de qui parmi ceux qui sont». On lui donne aussi le titre de Bagā «division» comme au Ṛta Vahišta et à l'Ahuna Variya sans doute en raison de son emploi comme marque de division en chapitres des textes avestiques. La dernière strophe (Y 51.22) de la quatrième Gāθā (la Vahuxšaθrā Gāθā: Y 51) fut le modèle que suivit l'auteur de la Yahyahatā, mais pareille rénovation ou pareille refonte d'une strophe gâthique, fait exceptionnel, ne peut que surprendre. La plupart des strophes gâthiques présentent déjà d'énormes problèmes d'interprétation, et c'est sans nul doute le cas de Y 51.22: «Moi de qui, au cours de chaque sacrifice harmonieux, Ahura Mazdā connaît la

à (l'un) des êtres authentiques[49] (ou à l'une des entités authentiques), ce qui est le mieux (pour nous) sur base de R̥ta (= sur base de l'harmonie que chacun de ces sacrifices comporte), nous leur offrons le sacrifice à eux et à elles.

Chapitre II
[Tištriya Ap-ciθra («apparenté aux rivières»)]

8.4.1. (= 8.2.1) Nous offrons le sacrifice à l'astre Tištriya riche et fortuné,

8.4.2. apparenté aux rivières[50], opulent, de haute taille, impétueux, de qui l'acuité visuelle atteint au loin, de haute taille, aux prouesses incomparables

8.4.3. [51][Tandis que son statut de possesseur de bons hymnes se dé(duit de son nom) Br̥za («haut»[52]), sa relation

---

meilleure (existence), aux (dieux) qui furent et sont (et seront), j'offre le sacrifice au moyen des noms propres de chacun d'eux et, charmeur, me mets à leur service». Le sens général de la strophe me paraît être le suivant: sur un ton de propagande, celui qui parle (Zaradu̲štra?) n'hésite pas à affirmer que l'existence rituelle et spirituelle que son accomplissement scrupuleux de la série des sacrifices offerts aux différents dieux adorables configure ou installe de façon harmonieuse est celle qu'Ahura Mazdā considère comme la préfiguration de l'excellente existence dont pourra jouir son âme dans l'au-delà.

[49] Littéralement: «à (l'un) de ceux qui sont».

[50] «Apparenté aux rivières» (ap-ciθra) signifie-t-il «de la même nature que les rivières, liquide»?

[51] Cette phrase doit être un ancien morceau de commentaire — c'est ce que ses caractéristiques linguistiques me poussent à penser — que quelque diascévaste aurait voulu insérer ici pour expliquer la présence des épithètes ap-ciθra «apparenté aux rivières» et br̥zant «haut» à propos de Tištriya. La même construction de ciθra avec haca et l'ablatif se rencontre dans le fragment avestique FrW 10.39-40 : dātar kuvaciθrā zi hanti ristānām ruvānah ... r̥taunām ... pati hai augda ahurah mazdāh spantāt haca manyauš zaraduštra aišām ciθram vahištāt ca manahah «Ô instaurateur, à quoi donc s'apparentent les ruvan (= quelle est leur nature?) des défunts harmonieux? Ahura Mazdā lui répondit: Ils s'apparentent, ô Zaraduštra, à l'opinion que (je suis) savant et à l'excellente pensée».

(avec les eaux) se dé(duit de son nom) Apām Napāt («petit-fils des rivières»)].

8.4.4-8. (= 8.3).

Chapitre III

[Tištriya, objet des espérances du bétail]

8.5.1. (= 8.2.1) Nous offrons le sacrifice à l'astre Tištriya riche et fortuné,

8.5.2. (Tištriya) qu'attendent le petit et le gros bétail, (qu'attendent) les mortels qui (les) harcèlent et les kaita[53] qui (leur) font du mal, < (les uns et les autres) avec cette pensée >:

8.5.3. (= 8.42.1) Quand Tištriya, riche et fortuné, se lèvera-t-il pour nous?

8.5.4. Quand les sources des neuf rivières sourdront-elles avec plus de débit que la (rivière) Aspa(kr̥pā)[54]?

8.5.5-9. (= 8.3).

[Tištriya et le lac Varukarta]

Chapitre IV

8.6.1. (= 8.2.1) Nous offrons le sacrifice à l'astre Tištriya riche et fortuné,

8.6.2. (= 8.37.3) (Tištriya) qui évolue (dans le ciel) vers le lac Varukarta («à la vaste fosse»)[55] avec la même[56] vibration tournoyante que (la flèche) Tigri («la piquante») (quand elle)

---

[52] Car de bons hymnes se chantent à voix haute.

[53] Dignité sacerdotale mal définie («devins» ?) appartenant sans doute au culte réprouvé.

[54] L'eau «qui a forme de jument»: rivière mythique ou constellation non identifiée (voir 8.8.4).

[55] Lac mythique ou céleste, réservoir duquel proviennent toutes les eaux.

[56] La comparaison fait allusion à ce mythe mal connu dont se souvient encore le Šāhnāma où le personnage curieusement appelé Ṛša «ours» (védique *ṛ́kṣa-*?) est devenu Ariš. La Terre qui était aux mains des démons fut délivrée par un archer de ce nom venu mendier au profit des mazdéens un lopin de terre long et large d'une portée de flèche.

volait obéissant à la volonté de (Spanta) Manyu[57], (flèche) qu'avait tirée R̥ša à la flèche vibrante, le meilleur des Arya (pour tirer) des flèches vibrantes, depuis le mont Aryaxšuθa[58] jusqu'au mont Huvanvant[59].

8.7.1. C'est pourquoi, tandis qu'Ahura Mazdā, les eaux et les végétaux l'amadouaient,

8.7.2. Miθra Varugauyūti lui imprimait une course en arc de cercle[60].

8.7.3-7. (= 8.3)

Chapitre V

8.8.1. (= 8.2.1) Nous offrons le sacrifice à l'astre Tištriya riche et fortuné,

8.8.2. [61](Tištriya) qui surmonte les Parīkā[62], qui met les Parīkā en déroute, elles qui, ...[63], volent entre terre et ciel.

8.8.3. (Le réservoir) du Varukarta, le lac [64]impétueux, au bon développement, profond, rétenteur des eaux,

8.8.4. la (déesse) r̥taunī[65] Aspakr̥pā[66] vient à[67] visiter ce réservoir.

---

[57] Sans Spanta Manyu, c'est-à-dire: sans l'opinion que les adorateurs ont de Mazdā avec laquelle ils célèbrent des cérémonies sacrificielles et lui rendent un culte, la flèche ne pourrait atteindre sa cible.

[58] Le mont «polissoir, (sur le rocher duquel les) Arya (viennent) aiguiser (leurs armes)» se situe probablement dans la chaîne de l'Alborz.

[59] Le mont «ensoleillé» se situe probablement dans la chaîne du Hindukuš.

[60] Pour qu'elle fît tout le tour du monde ou de l'Iran? Cf. 8.38.2.

[61] Cf. 8.39.2.

[62] Classe de diablesses liées à la sorcellerie.

[63] Mot inconnu. Selon une hypothèse, ce pourrait être «rend les femelles stériles à voler entre terre et ciel».

[64] Cf. 8.46.1.

[65] Forme féminine de r̥tavan.

[66] Aspakr̥pā «celle qui a la forme d'une jument» est une rivière mythique mal connue, sans doute identifiable à quelque constellation.

[67] L'auxiliaire «vient à» me permet de rendre la particule du ponctuel *bāδa*.

8.8.5. Sur ses bords, les eaux bouillonnent tandis que les vents purificateurs soufflent.

8.9.1. Alors Sātavisa envoie les eaux vers la (Terre) qui est divisée en sept secteurs.

8.9.2. Tandis qu'elles se distribuent sur les (sept secteurs), le beau (Tištriya), en compagnie de Rāman, prend le chemin des nations qui, (de ce fait,) connaîtront de bonnes récoltes,

8.9.3. (= 8.36.3) (répondant ainsi aux attentes des adorateurs:) Quand les nations[68] aryā connaîtront-elles de bonnes récoltes?

8.9.4-8. (= 8.3)

Chapitre VI

[Fragment du mythe étiologique du sacrifice offert à Tištriya]

8.10.1. (= 8.2.1) Nous offrons le sacrifice à l'astre Tištriya riche et fortuné,

8.10.2. (Tištriya) qui adressa la parole à Ahura Mazdā pour lui signifier ceci:

8.10.3. (= 10.73.3, 14.1.2bc, etc.) Ahura Mazdā, toi que je considère être le plus savant, toi qui situas le monde osseux, ô r̥tavan[69],

8.11. (= 10.55, 10.74) [car,][70] si les mortels m'offraient un sacrifice dans lequel mention serait faite de mes noms ainsi qu'ils le font pour les autres Yazata qui eux se voient honorés par les sacrifices comportant la mention de leurs noms, je pourrais à l'envi[71] mettre en marche la durée du temps non

---

[68] Le mot dahyu désigne tout à la fois la nation et le pays.

[69] «Accompagné du bon agencement, harmonieux» (védique *r̥tā́van*): désignation générique de tous les êtres, divins, humains ou autres, qui sont impliqués dans la célébration des sacrifices correctement accomplis.

[70] Interpolation sous l'influence de 8.24.

[71] Cette locution «à l'envi» me sert à rendre l'intensif des verbes qui suivent.

découpé[72] de ma propre vie, laquelle est ensoleillée et immortelle[73], et surgir (= faire acte de présence, intervenir) pour une seule nuit ou deux ou cinquante ou cent du temps découpé[74].

[Sacrifices aux astres][75]

8.12.1. Nous offrons le sacrifice à Tištriya et nous offrons le sacrifice aux Tištriyānī[76] («les épouses de Tištriya»).

8.12.2. Nous offrons le sacrifice à Upaparviya[77] et nous offrons le sacrifice aux <Upa>parviyānī[78] («les épouses d'Upaparviya»).

8.12.3. <Nous offrons le sacrifice>[79] à ces astres-là, les Hapta Ringa[80], afin de contrer l'action des Yātu et des Parīkā.

8.12.4. Nous offrons le sacrifice à l'astre Vanant[81], celui qu'(Ahura) Mazdā mit en place,

8.12.5. [82]afin de (placer de notre côté) le (dieu) Ama[83] au bon développement, le (dieu) Vr̥θragna[84] Ahuradāta («qu'Ahura

---

[72] Le temps infini ne s'écoule pas : c'est un temps fixe, toujours diurne, non découpé en jours et nuits, en mois, saisons et années.

[73] Cf. Y 9.1.4de.

[74] La force que le sacrifice leur envoie permet à des étoiles comme Sirius et à des dieux aussi abstraits que Miθra, qui appartiennent à l'infini, de jouer un rôle dans le monde fini. Le sacrifice qui leur est offert est le moyen dont ils disposent pour descendre en ce monde-ci, y intervenir et lutter contre les démons.

[75] Cf. Ny 1.8.

[76] Astres non sûrement identifiés. Les Pléiades ?

[77] Astre non sûrement identifié. Aldébaran ?

[78] Astres non identifiés. Les Hyades ou les Pléiades ?

[79] D'après S 2.13.7a.

[80] Les «sept marques», autrement dit: la Grande Ourse.

[81] Le «victorieux», Véga.

[82] Cf. 13.133, 19.74.2.

[83] «Le caractère impétueux, la force offensive (des textes sacrés)», acolyte de Vr̥θragna.

[84] Le dieu qu'honore le Yt 14.

(Mazdā) mit en place»)[85], la (déesse) Vanantī Uparatāt[86], les (dieux[87]) Vitara-anzahya («celui qui met les oppresseurs en déroute») et Vitara-dvaišahya («celui qui met les nuisibles en déroute»).

8.12.6. (= Ny 1.8.1) Nous offrons le sacrifice à Tištriya, le (dieu) au regard fixe (= qui ne cligne jamais des yeux).

[Les métamorphoses de Tištriya]

8.13. Les dix premières nuits (du mois), (sache-le, toi) Zaraduštra descendant de Spitāma, le riche et fortuné Tištriya, évoluant parmi les lumières (du ciel), mêle ses traits [88]aux traits (= échange ses traits avec ceux / adopte les traits) de l'homme de quinze ans, splendide, le regard clair, de haute taille, impétueux, plein d'impétuosité et d'aptitudes —

8.14. (Quinze ans,) c'est l'âge auquel, pour la première fois, le garçon revêt la ceinture (rituelle)[89], l'âge auquel, pour la première fois, le garçon est doué de force offensive (= peut prendre l'initiative dans les combats), l'âge auquel, pour la première fois, le garçon connaît l'érection[90] —.

8.15.1. Lui, à ce propos, proteste. Lui, à ce propos, s'interroge:

8.15.2. Qui va m'offrir alors le sacrifice, avec les libations de hauma coupé de lait?

---

[85] Équivalent moins fréquent de mazdādāta «qu'(Ahura) Mazdā mit en place», mais beaucoup plus fréquent de bagadāta «que le guide (Ahura Mazdā) mit en place», de dāmidāta «que l'instaurateur (Ahura Mazdā) mit en place», de spantadāta «que le savant (Ahura Mazdā) mit en place» ou de vahudāta «que le dieu (Ahura Mazdā) mit en place».

[86] La «victorieuse supériorité» accompagne souvent Vr̥θragna.

[87] Inconnus par ailleurs. Cf. Y 68.13.1b.

[88] Cf. 14.17.1.

[89] Autre possibilité, en lisant ava-yāh au lieu de abi-yāh: «l'âge auquel, pour la première fois, le garçon (doit) apaiser les dieux (= est responsable de ses actes)».

[90] Tripartition dumézilienne.

8.15.3. À qui vais-je moi conférer l'aptitude sacrificielle qui lui serve à obtenir des troupeaux de garçons (= beaucoup de fils) et le moyen de mettre sa propre âme en parfaite condition?

8.15.4. Car, à présent, je suis digne que le monde osseux m'offre le sacrifice et m'adresse le chant avec (la formule) «sur base de l'excellent R̥ta»[91].

8.16. Les deuxièmes dix nuits, (du mois), (sache-le, toi) Zaraduštra descendant de Spitāma, le riche et fortuné Tištriya, évoluant parmi les lumières (du ciel), mêle ses traits aux traits (= échange ses traits avec ceux / adopte les traits) du [92]<beau tau>reau aux cornes d'or.

8.17.1. Lui, à ce propos, proteste. Lui, à ce propos, s'interroge:

8.17.2. Qui va m'offrir alors le sacrifice, avec les libations de hauma coupé de lait?

8.17.3. À qui vais-je moi conférer l'aptitude sacrificielle qui lui serve à obtenir des troupeaux de vaches et le moyen de mettre sa propre âme en parfaite condition?

8.17.4. Car, à présent, je suis digne que le monde osseux m'offre le sacrifice et m'adresse le chant avec (la formule) «sur base de l'excellent R̥ta».

8.18. Les troisièmes dix nuits, (du mois), (sache-le, toi) Zaraduštra descendant de Spitāma, le riche et fortuné Tištriya, évoluant parmi les lumières (du ciel), mêle ses traits [93]aux traits (= échange ses traits avec ceux / adopte les traits) du beau cheval rosâtre aux oreilles jaunes[94] et à la bride d'or.

8.19.1. Lui, à ce propos, proteste. Lui, à ce propos, s'interroge:

8.19.2. Qui va m'offrir alors le sacrifice, avec les libations de hauma coupé de lait?

---

[91] Ceci rappelle la recommandation achéménide qu'il convient d'offrir le sacrifice brazmani r̥tāt haca «avec la formule "Sur base de R̥ta"».

[92] D'après 14.7.1, 14.44.2.

[93] Cf. 14.9.1.

[94] Traits apotropaïques.

8.19.3. À qui vais-je moi conférer l'aptitude sacrificielle qui lui serve à obtenir des troupeaux de chevaux et le moyen de mettre sa propre âme en parfaite condition?

8.19.4. Car, à présent, je suis digne que le monde osseux m'offre le sacrifice et m'adresse le chant avec (la formule) «sur base de l'excellent R̥ta».

[Suite du fragment: Tištriya contre Apauša]

8.20.1. (= 8.26.1, 8.30.1) Alors, Zaraduštra descendant de Spitāma, le riche et fortuné Tištriya descend à nouveau sur le lac Varukarta («à la vaste fosse»),

8.20.2. [95]sous les traits du beau cheval rosâtre aux oreilles jaunes et à la bride d'or.

8.21. Alors, à sa rencontre, dévale le Daiva Apauša («absence de prospérité, misère») sous les traits du cheval sans cornes[96], sans crins, les oreilles dénudées, sans crins, le dos dénudé, sans crins, la queue sans panache, teigneux, épouvantable[97].

8.22.1. Les voici en venir aux mains, ô Zaraduštra descendant de Spitāma, le riche et fortuné Tištriya et le Daiva Apauša.

8.22.2. Les voici lutter, ô Zaraduštra descendant de Spitāma, trois jours et trois nuits.

8.22.3. Alors le Daiva Apauša, plus puissant, prend l'avantage sur le riche et fortuné Tištriya, mieux à même de vaincre, prend l'avantage sur lui.

---

[95] Cf. 8.18.

[96] Des squelettes de chevaux sur la tête desquels étaient fixés des bois postiches de cerf ont été mis au jour dans des tombes scythes. Il s'agit probablement d'ornements apotropaïques, antidémoniaques, devant assurer à l'âme du défunt montée sur un tel cheval un voyage sans encombre pour l'autre monde. Apauša adopte donc une apparence d'incapable, celle du cheval sans cornes, démuni de cette force magique, incapable de déjouer les attaques de son adversaire.

[97] Ou : «ridicule» ?

8.23.1. Dès lors, il parvient à faire s'éloigner le riche et fortuné Tištriya du lac Varukarta de la distance d'un hāθra[98] tandis que ce dernier fait état de sa déception et du désastre qu'il connaît:

8.23.2. Ô Ahura Mazdā, quelle déception! Ô (déesses des) eaux et (des) végétaux, quel désastre! Ô Dainā Māzdayasni[99], quel destin!

8.23.3. [100]Pour l'heure, les mortels ne m'offrent pas le sacrifice dans lequel mention serait faite de mes noms[101] alors que les autres Yazata, eux oui, se voient honorés par les sacrifices comportant la mention de leurs noms.

8.24. [102]Car, si les mortels m'offraient le sacrifice au cours duquel mention serait faite de mes noms comme ils le font pour les autres Yazata qui, eux, se voient honorés du sacrifice au cours duquel mention est faite de leurs noms, ils me conféreraient la puissance de dix chevaux, la puissance de dix chameaux, la puissance de dix taureaux, la puissance de dix montagnes, la puissance de dix rivières en crue.

8.25.1. Moi Ahura Mazdā, j'offre au riche et fortuné Tištriya le sacrifice au cours duquel mention est faite de ses noms (afin qu'il puisse vaincre le Daiva Apauša, et j'invite toute l'existence osseuse à en faire autant).

8.25.2. Je lui confère (au moyen du sacrifice) la puissance de dix chevaux, la puissance de dix chameaux, la puissance de dix taureaux, la puissance de dix montagnes, la puissance de dix rivières en crue.

8.26.1. Alors, Zaraduštra descendant de Spitāma, le riche et fortuné Tištriya descend à nouveau sur le lac Varukarta,

8.26.2. sous les traits du beau cheval rosâtre aux oreilles jaunes et à la bride d'or.

---

[98] Unité de longueur d'importance considérable.

[99] La déesse Religion mazdéenne.

[100] Cf. 10.54.2.

[101] Par «noms» (nāman) il faut entendre les noms et aussi les épithètes, qu'elles soient des adjectifs ou même des subordonnées relatives, ce qui est ce que contient habituellement un Yašt.

[102] Cf. 8.11.

8.27. Alors, à sa rencontre, dévale le Daiva Apauša («absence de prospérité, misère») sous les traits du cheval sans cornes, sans crins, les oreilles dénudées, sans crins, le dos dénudé, sans crins, la queue sans panache, teigneux, épouvantable.

8.28.1. Les voici en venir aux mains, ô Zaraduštra descendant de Spitāma, le riche et fortuné Tištriya et le Daiva Apauša.

8.28.2. Les voici lutter, ô Zaraduštra <descendant de Spitāma>, [103]jusqu'à la mi-journée.

8.28.3. Alors le riche et fortuné Tištriya, plus puissant, prend l'avantage sur le Daiva Apauša, mieux à même de vaincre, prend l'avantage sur lui.

8.29.1. Dès lors, parvenant à faire s'éloigner le Daiva du lac Varukarta de la distance d'un hāθra, le riche et fortuné Tištriya fait état de (...) et de la félicité qui est la sienne:

8.29.2. Ô Ahura Mazdā, voilà qui est à mon goût! Ô (déesses des) eaux et (des) végétaux, voilà qui est à mon goût! Ô Dainā Māzdayasni, voilà qui est à mon goût! Ô nations, qu'il en soit à votre goût!

8.29.3. Jusques à vous les canaux d'irrigation vont arriver sans que rien puisse les freiner, pour le grand arrosage (des champs) d'orge, pour le petit arrosage (des surfaces réservées) au fourrage et pour (abreuver) les troupeaux osseux (= les hommes et le bétail).

[Suite du fragment: Tištriya et le lac Varukarta]

8.30.1. Alors, Zaraduštra descendant de Spitāma, le riche et fortuné Tištriya descend à nouveau sur le lac Varukarta,

8.30.2. sous les traits du beau cheval rosâtre aux oreilles jaunes et à la bride d'or.

8.31.1. Lui pousse les vagues du lac à déferler; lui pousse les vagues du lac à se reprendre; lui pousse les vagues à se faire odorantes; lui pousse les vagues à perdre leur odeur; lui pousse les vagues à affluer; lui pousse les vagues à refluer.

---

[103] Cf. Y 9.11.3.

8.31.2. (= 5.4.1abc, Y 65.4abc) Lorsque tous les bords du lac Varukarta sont en ébullition, d'autres vagues déferlent vers tout le centre.

8.32.1. Et, Zaraduštra descendant de Spitāma, le riche et fortuné Tištriya en surgit [du lac Varukarta][104] (tout comme) en surgit Sātavisa [du lac Varukarta].

8.32.2. Alors les brouillards se rassemblent sur le mont Āus-hindava[105] qu'il y a au centre du lac Varukarta.

8.33.1. Alors les faiseurs de nuages[106] mettent les brouillards en mouvement.

8.33.2. Le premier des (vents) à souffler se lève sur les chemins qu'emprunte Hauma Fraxšmi[107] pour apporter la prospérité aux troupeaux.

8.33.3. Ensuite l'audacieux Vāta Mazdādāta[108] apporte la pluie, le brouillard et le grésil aux terroirs et champs, aux sept secteurs (de la Terre).

8.34.1. Apām Napāt («le petit-fils des rivières»)[109], ô Zaraduštra descendant de Spitāma, distribue à l'existence osseuse les eaux destinées aux champs, et (l'y aident) l'audacieux Vāta, Hvarnah que (la déesse) Ap mit en place[110] et les Fravr̥ti des r̥tavan[111].

8.34.2-6. (= 8.3)

---

[104] Note de la diascévase scolaire visant à expliciter le pronom «en».

[105] Non identifié. Géographie purement mythique? Cet oronyme paraît signifier littéralement «relatif à ce (...) qui a le fleuve Hindu (= l'Indus?) à la verticale ou orienté de bas en haut».

[106] Les faiseurs de nuages (maigakara) sont des personnages inconnus par ailleurs.

[107] Dérivé en -mi- de √ fraxš (véd. *PRAKṢ*), signifiant «revigorant, rénovateur»?

[108] Le dieu Vent.

[109] = Br̥zant. Sur ce Yazata, voir 8.4.3, 10.113.1 et 10.145.1.

[110] Il est naturel que la déesse mère de toutes les eaux, la Voie Lactée (Ap Anāhītā), soit à l'origine de la capacité que représente Hvarnah de se nourrir sans restriction.

[111] La déification de l'engagement que les adorateurs harmonieux (r̥tavan) prennent d'offrir le sacrifice à Ahura Mazdā.

Chapitre VII

8.35.1. (= 8.2.1) Nous offrons le sacrifice à l'astre Tištriya riche et fortuné,

8.35.2. (Tištriya) qui, depuis cet endroit-là, prend son essor lorsque point l'aurore splendide, [112]sur le chemin qui mène au loin, sur la voie que traça le guide[113] (Ahura Mazdā), aux saisons des pluies qui furent déterminées,

8.35.3. (= 13.54.2, 13.56.2) avec l'approbation d'Ahura Mazdā, avec l'approbation des Amr̥ta Spanta.

8.35.4-8. (= 8.3)

Chapitre VIII

8.36.1. (= 8.2.1) Nous offrons le sacrifice à l'astre Tištriya riche et fortuné,

8.36.2. (astre) duquel les mortels laboureurs des années, les rois promoteurs des performances sacrificielles (qui doivent attirer sur les pays la bienveillance des dieux), les fauves qui vivent dans les montagnes et les animaux sauvages qui parcourent les plaines guettent le lever, (les laboureurs cherchant à savoir) s'il montera au profit ou non d'une nation qui connaisse (ainsi) la bonne récolte ou la mauvaise (= s'il apportera ou non la bonne récolte à la nation), (en se posant cette question:)

8.36.3. (= 8.9.3) Quand les nations aryā bénéficieront-elles d'une bonne récolte?

8.36.4-8. (= 8.3)

Chapitre IX

8.37.1. (= 8.2.1) Nous offrons le sacrifice à l'astre Tištriya riche et fortuné,

8.37.2. (Tištriya) à la rapide vibration tournoyante, au vol vibrant[114],

---

[112] Cf. 13.54.1, 13.56.1.

[113] Traduit baga.

[114] Ou: «aux vibrants animaux de trait».

8.37.3. (= 8.6.2) (Tištriya) qui évolue (dans le ciel) vers le lac Varukarta («à la vaste fosse») avec la même vibration tournoyante que (la flèche) Tigri («la piquante») (quand elle) volait obéissant à la volonté de (Spanta) Manyu, (flèche) qu'avait tirée R̥ša à la flèche vibrante, le meilleur des Arya (pour tirer) des flèches vibrantes, depuis le mont Aryaxšuθa jusqu'au mont Huvanvant.

8.38.1. Tandis qu'Ahura Mazdā et les Amr̥ta Spanta l'amadouaient,

8.38.2. Miθra Varugauyūti lui imprimait une course en arc de cercle.

8.38.3. Alors, (comme) la haute déesse Ārti[115] et (la déesse) Parandī[116] au char plein de richesses allèrent à sa suite, la frottant tout le temps jusqu'à ce que son vol atteignît le mont Huvanvant, (la flèche Tigri) se planta sur le (mont) Huvanvant.

8.38.4-8. (= 8.3)

Chapitre X

8.39.1. (= 8.2.1) Nous offrons le sacrifice à l'astre Tištriya riche et fortuné,

8.39.2. (Tištriya) qui surmonte les Parīkā, qui mit les Parīkā en déroute[117], elles qu'Ahra Manyu avait propulsées dans le but de freiner tous les astres apparentés à Ap[118].

8.40.1. Tištriya surmonte les (Parīkā), les expulse hors du lac Varukarta.

8.40.2. Alors les nuages montent emportant les eaux nécessaires aux bonnes récoltes, (eaux) qui, dans les brouillards rugissants, se distribuent en de larges rivières pour dévaler sur les sept secteurs (de la Terre).

8.40.3-7. (= 8.3)

---

[115] Déification de la chance d'avoir des fils.

[116] La déesse représentant la possibilité ou le fait pour une femme d'être enceinte. Cf. 10.66.1.

[117] Cf. 8.8.2.

[118] Les astres appelés Ap-ciθra «apparentés à Ap, astres liquides (?)» reçoivent-ils ce nom pour être ceux qui jouent un rôle dans le cycle des eaux?

Chapitre XI

[Tištriya et les différentes sortes d'eaux]

8.41.1. (= 8.2.1) Nous offrons le sacrifice à l'astre Tištriya riche et fortuné,

8.41.2. (Tištriya) qu'attendent les eaux, [119]les dormantes et les courantes, celles des sources et celles des fleuves, celles des puits et celles de pluie, <avec cette pensée:>

8.42.1. (= 8.5.3) Quand Tištriya, riche et fortuné, se lèvera-t-il pour nous?

8.42.2. Quand les sources (des neuf) rivières sourdront-elles avec plus de débit que la (rivière) Aspa(kr̥pā)[120], pour courir vers les beaux terroirs, les champs et les prairies, pour faire pousser d'une opulente croissance les racines des végétaux?

8.42.3-7. (= 8.3)

Chapitre XII

[Tištriya purificateur]

8.43.1. (= 8.2.1) Nous offrons le sacrifice à l'astre Tištriya riche et fortuné,

8.43.2. (Tištriya) qui lave toutes les impuretés[121] dans la rivière qui les emporte, (qui) arrose tous les dāman[122] et (qui les) soigne, à être opulent[123], (c'est-à-dire:) pourvu que la suffisante pompe ait marqué la cérémonie célébrée en son honneur, qu'il lui ait été réservé des attentions, qu'il ait été satisfait et reconnu.

8.43.3-7. (= 8.3)

---

[119] Cf. Y 68.6.3.

[120] Cf. 8.4.5.

[121] sima- (véd. *śíma-*) «crasse» est aussi, avec masculinisation, le nom de divers êtres maléfiques (13.105.2, 13.136.3, Y 9.30.1).

[122] Les êtres qui ont été mis en place: voir la note concernant 10.6.1.

[123] Pourvu que les sacrifices lui apportent toute l'opulence et la force qui lui sont nécessaires pour le faire.

Chapitre XIII

[Tištriya paradigme des astres]

8.44.1. (= 8.2.1) Nous offrons le sacrifice à l'astre Tištriya riche et fortuné,

8.44.2. (astre) dont Ahura Mazdā fit le modèle[124] et l'image de tous les astres de la même façon qu'il fit de Zaraduštra (le modèle et l'image) des hommes,

8.44.3. (Tištriya) que ne peuvent persécuter ni Ahra Manyu, ni les Yātu et Parīkā, ni les ...[125], (Tištriya que) ne peuvent non plus attaquer tous les Daiva Hixra[126] avec volonté de destruction.

8.44.4-8. (= 8.3)

[Tištriya et le lac Varukarta]

Chapitre XIV

8.45.1. (= 8.2.1) Nous offrons le sacrifice à l'astre Tištriya riche et fortuné,

8.45.2. (Tištriya) qu'Ahura Mazdā dota de mille facultés[127] pour qu'il fût le plus opulent des (astres) apparentés aux rivières, lui qui vient avec les (astres) Ap-ciθra[128], à évoluer parmi les lumières (du ciel).

8.46.1. Le voilà visiter tous les réservoirs du Varukarta, le lac impétueux, au bon développement, profond, rétenteur des eaux[129], tous les deltas et toutes les belles dérivations,

8.46.2. (= 8.20.2) sous les traits du beau cheval rosâtre aux oreilles jaunes et à la bride d'or.

8.47.1. Alors les eaux sont extraites du lac Varukarta, (eaux) qui tombent goutte à goutte, rincent[130] ou soignent.

---

[124] ratu-.

[125] «Yātu des mortels» doit être le fruit d'une corruption.

[126] Les Daiva représentant les liquides contaminants (cf. Y 10.7.1).

[127] Cf. 10.82.1.

[128] Voir la note concernant 8.39.2.

[129] Cf. 8.8.3.

[130] Fort conjectural. S'agit-il d'une allusion à trois débits distincts, faible, fort et moyen?

8.47.2. Il les distribue aux nations, à être opulent, (c'est-à-dire:) pourvu que la suffisante pompe ait marqué la cérémonie célébrée en son honneur, qu'il lui ait été réservé des attentions, qu'il ait été satisfait et reconnu.

8.47.3-7. (= 8.3)

Chapitre XV

8.48.1. (= 8.2.1) Nous offrons le sacrifice à l'astre Tištriya riche et fortuné,

8.48.2. (Tištriya) qu'attendent tous les dāman (= les êtres) appartenant à Spanta Manyu, qu'ils vivent sous terre ou en superficie, qu'ils soient aquatiques ou terrestres, qu'ils se déplacent en battant des ailes ou circulent sur la plaine, et, en plus de ceux (déjà cités) sans limites et sans commencement, ceux qui constituent les biens[131] de (l'adorateur) r̥tavan, (Tištriya qu'attendent tous les dāman, avec cette pensée:) Viens!

8.48.3-7. (= 8.3)

[L'importance du sacrifice offert à Tištriya]

Chapitre XVI

8.49.1. (= 8.2.1) Nous offrons le sacrifice à l'astre Tištriya riche et fortuné,

8.49.2. (Tištriya), (le dieu) merveilleux, prestigieux et doué de forces purificatrices[132], qui dispose des moyens (de satisfaire l'adorateur r̥tavan), capable de mille faveurs, qui concède à celui qui a pour lui des attentions de nombreuses faveurs de celles que demandent ou non les mortels —

8.50. [133]Moi, (sache,) Zaraduštra descendant de Spitāma, (que) je fis l'astre Tištriya aussi digne d'être honoré du sacrifice, aussi digne d'être honoré du chant, aussi digne d'être

[131] La sti, ensemble des biens. Il s'agit sans doute ici des animaux domestiques.

[132] Cf. 12.1.5, 19.9.

[133] Cf. 10.1.2.

honoré de l'attention et aussi digne d'être honoré de la proclamation[134] que me (fis) moi-même qui suis Ahura Mazdā,

8.51. [135]afin de contrecarrer cette Parīkā-là, Dužyāriyā («mauvaise récolte»), que les mortels au mauvais discours nomment Huyāriyā («bonne récolte»)[136], et afin de soutenir ses attaques et de la mettre en déroute et de lui retourner les nuisances.

8.52. Car, (sache-le,) Zaraduštra descendant de Spitāma, si, moi qui suis Ahura Mazdā, je n'avais pas fait l'astre Tištriya aussi digne que je le suis de ce que (l'existence osseuse) lui offrît le sacrifice, lui adressât le chant, lui réservât attention et proclamât ses prouesses,

8.53. afin de contrecarrer cette Parīkā-là, Dužyāriyā («mauvaise récolte»), que les mortels au mauvais discours nomment Huyāriyā («bonne récolte»), et afin de soutenir ses attaques et de la mettre en déroute et de lui retourner les nuisances,

8.54. (alors,) pour sûr, cette Parīkā-là d'un seul jour ou d'une seule nuit, la Dužyāriyā, eût interrompu le cycle de toute l'existence osseuse, avant terme, à l'infecter de-ci de-là.

8.55. Car c'est le riche et fortuné Tištriya qui parvient à enchaîner cette Parīkā-là de doubles chaînes, de triples, d'invincibles et de multiples, [137]exactement comme mille hommes qui, par la puissance, seraient [est][138] très puissants enchaîneraient un seul homme.

8.56. Car, Zaraduštra descendant de Spitāma, si les nations aryā s'appliquent à offrir le sacrifice et à exécuter le chant, séquences qui doivent être accomplies pour le riche et

---

[134] Le sacrifice, le chant, l'attention et la proclamation sont différentes séquences rituelles: voir la note concernant 8.0.12.

[135] Cf. Y 16.8.2.

[136] La note est bien surprenante: c'est comme s'il ne fallait pas se fier aux apparences et comme si la bonne récolte n'était pas celle que l'on croit! Quoi qu'il en soit, avec le bon discours ou le mauvais, il doit être fait allusion à un fait de technique rituelle.

[137] Cf. 1.19.

[138] Indication scolaire que «seraient» est une forme du verbe «être».

fortuné Tištriya, [139]puisqu'il convient de s'appliquer au mieux dans l'accomplissement du sacrifice et dans l'exécution du chant, grâce à cela les nations aryā ne devront plus ni subir les invasions de la horde (des Hainiyā)[140] ni les inondations ni la gale ni la peste ni le (passage du) char de la horde[, ni] qui arbore un étendard.

8.57.1. (= 10.121.1, 14.49.1) À ce sujet, Zaraduštra lui fit cette question:

8.57.2. [141]À quoi donc, Ahura Mazdā, (puis-je reconnaître que) le sacrifice accompli et le chant exécuté avec (la formule) «Sur base de l'excellent Ṛta» sont (les adéquats) pour honorer le riche et fortuné Tištriya?

8.58.1. (= 10.122.1, 14.50.1) Alors Ahura Mazdā dit:

8.58.2. (= 14.50.2) Les nations aryā doivent exhiber pour lui les libations, les nations aryā doivent tenir pour lui le barsman, les nations aryā doivent cuire pour lui la victime rosâtre ou de couleur sang ou de n'importe quelle couleur unie.

8.59. (= 14.51) Que ni le marya[142] ne prenne de portion de sa libation, ni la jahikā[143], ni celui qui ne met en marche

---

[139] Cf. 14.48.2.

[140] Les Hainiyā sont aux impies ce que les Fravṛti sont aux pieux adorateurs.

[141] Cf. 14.49.2.

[142] Désignation curieuse des êtres mauvais aussi bien humains que surnaturels, dont le correspondant védique *márya-* n'a pas le sens péjoratif ou négatif, marya «gars» (au fém.: maryā «garce»), s'applique notamment à l'archidémon Ahra Manyu et à la pire diablesse, Druj, mais aussi à l'âme du défunt impie. Comme l'âme, qu'elle soit celle d'un homme ou d'une femme, est toujours masculine, le ruvan, et que l'être féminin qui l'accompagne ici est une jahikā comme dans le fragment H 2 du Hādōxt Nask, j'en déduis qu'il est fait allusion au couple que le ruvan de l'impie forme avec la mauvaise conscience religieuse, la dainā qui, traitée de «putain», peut prendre l'apparence d'une mouche sordide. Le marya de ce paragraphe est un paradigme d'impiété que l'impiété elle-même accompagne sous forme de «prostituée (?)» (jahikā), mais allusion à l'archidémon Ahra Manyu n'est pas pour autant exclue par là: n'est-il pas le paradigme de l'impie?

[143] Voir note précédente.

(aucune cérémonie)[144], qui ne récite pas les Gāθā[145], destructeur de l'existence (rituelle), adversaire de cette Dainā qui appartient aux adorateurs d'Ahura (Mazdā) et à Zaraduštra (= adversaire de la religion mazdéenne zoroastrienne)[146]!

8.60. [147]Si le marya prenait une portion de sa libation, ou la jahikā, ou celui qui ne met en marche (aucune cérémonie), qui ne récite pas les Gāθā, destructeur de l'existence (rituelle), adversaire de cette Dainā qui appartient aux adorateurs d'Ahura (Mazdā) et à Zaraduštra, non seulement le riche et fortuné Tištriya échouerait avec le remède,

8.61.1. (= 14.53.1) mais encore les nations aryā connaîtraient les inondations, encore les nations aryā verraient les hordes leur tomber dessus, encore les nations aryā seraient frappées

8.61.2. (= 10.43.2, 14.53.2, etc.) de cent coups à (vouloir en donner) cinquante (à leurs adversaires), de mille coups à (vouloir leur en donner) cent, de dix mille coups à (vouloir leur en donner) mille, d'innombrables coups à (vouloir leur en donner) dix mille.

8.61.3-7. (= 8.3)

[Formules conclusives du Yašt]

8.62.1. (= 1.22.6, 10.146.1, 14.64.1, etc.) [148]***À voix basse:*** [149]Que le seigneur bienfaisant Ahura Mazdā apporte la multiplication de l'homme, de l'humanité et de toutes les espèces, l'adhésion des bons à ma bonne religion, la connaissance, la foi, la beauté! Qu'il en soit ainsi!

---

[144] ašyāva- «qui ne met en marche (aucune cérémonie)» est aussi le nom d'un Daiva.

[145] Les cinq hymnes rédigés dans le dialecte archaïque, rassemblés au cœur du Yasna.

[146] Dainā- āhuri- zāraduštri-.

[147] Cf. 14.52.

[148] Indication donnée en pāzand.

[149] Rédigé en pāzand.

8.62.2. (= 1.23.1, 10.146.2, 14.64.2, etc. ; Y 27.13) [150]L'(opinion) à laquelle (vous avez) à adhérer avec l'existence (rituelle) configure le modèle: sur base de R̥ta. (Dès lors,) exercez sur Ahura Mazdā (l'ascendant) et l'influence que, conjointement aux (paroles) et aux gestes, la pensée bonne donne à l'existence (rituelle) de façon que (cette influence) fasse de lui un pâtre au secours des indigents!

8.62.3. Je propitie le sacrifice et le chant et l'ascendant et la rapidité du riche et fortuné Tištriya et de Sātavisa, l'(astre) qui suit le courant (d'Ap Anāhitā), l'(astre) opulent qu'(Ahura) Mazdā mit en place.

8.62.4. (= 1.33.1, 8.0.10, 10.146.4, 14.64.4, etc. ; Y 27.14) L'excellent (mot) se situe (dans le syntagme) «le bon R̥ta» (de Y 51.20b) (et l'exclamation) «À volonté!» se situe (dans le syntagme) «À volonté pour lui!» (de Y 43.1a), (syntagme dans lequel il est à comprendre) que l'excellent R̥ta est pour lui.

8.62.5. (= 1.33.2, 10.146.5, 14.64.5, etc. ; Y 68.11) Pour lui[151], la richesse et le hvarnah! Pour lui, la fermeté du corps[152]! Pour lui, le charme du corps! Pour lui, la défense du corps (sur le chemin de l'au-delà)! Pour lui, la doctrine sacrificielle qui apporte le bien-être à beaucoup (de r̥tavan)! Pour lui, la noble faculté de fonder famille! Pour lui, les moyens de vivre longtemps (= la vie éternelle)! Pour lui, l'excellente existence

---

[150] Citation vieil-avestique. Cette strophe isolée (Y 27.13), d'interprétation controversée, reçoit le nom d'Ahuna Variya «(texte) dont l'incipit contient les mots ahū "au moyen de l'existence (rituelle)" et variyah "à choisir, (l'opinion) à laquelle il convient d'adhérer"». Son schéma prosodique est aussi celui de la première Gāθā (Y 28-34) qui, pour cette raison, porte le titre d'Ahunavatī Gāθā «l'hymne qui se trouve avec l'Ahuna». Les deux derniers vers ne forment pas une même phrase avec le premier et explicitent les conditions d'application du plan divin et le but avec lequel il convient de réaliser ces dernières. Sur les versions dialoguées de l'Ahuna Variya, voir 8.0.19.

[151] Pour l'âme de l'homme?

[152] Ou: «la santé de la personne».

(= le paradis) des r̥tavan, lumineuse, avec laquelle tous (les r̥tavan) connaissent le bien-être!

8.62.6. (= 1.33.3, 10.146.6, 14.64.6, etc.) Puisse (Ahura Mazdā) venir ainsi que je le propitie!

8.62.7. (= 1.33.4, 10.146.7, 14.64.7, etc.) (Ce sont) mille remèdes, dix mille remèdes. ***ter***

8.62.8. (= 1.33.5, 8.0.10, 8.62.4, 10.146.8, 14.64.8, etc. ; Y 27.14) L'excellent (mot) se situe (dans le syntagme) «le bon R̥ta» (de Y 51.20b) (et l'exclamation) «À volonté!» se situe (dans le syntagme) «À volonté pour lui!» (de Y 43.1a), (syntagme dans lequel il est à comprendre) que l'excellent R̥ta est pour lui. ***ter***

8.62.9. (= 1.33.6, 10.146.9, 14.64.9, etc.) Viens à mon aide, Mazdā! ***ter***

8.62.10. (= 1.33.7, 10.146.10, 14.64.10, etc.) [153]Je fais de bonnes œuvres, méritoires, afin de racheter mes crimes et par amour de mon âme. Et puissent me parvenir à la perfection toutes les bonnes oeuvres des bons des sept secteurs de la Terre, d'aussi loin que s'étende la Terre, que coulent les rivières et que monte le Soleil!

8.62.11. (= 1.33.8, 10.146.11, 14.64.11, etc.) [154]Sois r̥tavan! Vis longtemps!

8.62.12. (= 1.33.9, 10.146.12, 14.64.12, etc.) [155](Sacrifice offert) à Ama, le bien forgé et bien développé, à Vr̥θragna Ahuradāta et à Vanantī Uparatāt. Et (sacrifice offert) à Rāman[156] qui possède bon fourrage, à Vāyu auteur de prouesses

---

[153] Rédigé en pāzand.

[154] Rédigé en pāzand.

[155] Cf. S 1.20-21.

[156] Le dieu Rāman Huvāstra «le calme qu'accompagne le bon fourrage», l'un des acolytes de Miθra, est mal connu. Les livres pehlevis l'assimilent au bon Vāyu avec lequel il patronne le 21e jour du mois. Les dieux mentionnés dans la suite de ce paragraphe sont leurs associés, mais, pour l'Avesta, Vāyu, l'espace libre, est ambigu: tout à la fois bon d'un côté (espace diurne) et mauvais d'un autre (espace nocturne), d'où l'incise précisant que le sacrifice n'honore que ce qui en lui relève de Spanta Manyu. Les livres pehlevis vont jusqu'à distinguer un dieu d'un démon du même nom.

incomparables, lui que ne peuvent atteindre les dāman (de l')autre (parti) (= les entités et les êtres qui appartiennent à Ahra Manyu) — Il est ici question de ce qui en toi, Vāyu, appartient à Spanta Manyu —, à Θvarta[157] qui se mit en place de lui-même, à Zarvan[158] qui n'a pas de limites et se mit en place de lui-même tout au long.

8.62.13. (= 1.33.10, 8.0.10, 8.62.4, 8.62.8, 10.146.13, 14.64.13, etc. ; Y 27.14) L'excellent (mot) se situe (dans le syntagme) «le bon Ṛta» (de Y 51.20b) (et l'exclamation) «À volonté!» se situe (dans le syntagme) «À volonté pour lui!» (de Y 43.1a), (syntagme dans lequel il est à comprendre) que l'excellent Ṛta est pour lui.

---

[157] La roue du firmament.

[158] Le dieu Temps.

MIHR YAŠT (Yt 10)

[1]**Ici commence le culte rendu à Miθra.**

[10.0. Formules préliminaires]

10.0.1-2. (= 8.0.1-2, etc.)

10.0.3. [2]Que vienne aussitôt Miθra Varugauyūti (= qui a de vastes prairies), le juge droit, (sur les lieux du sacrifice que nous lui offrons) !

10.0.4-16. (= 8.0.4-16, etc.)

10.0.17. Avec l'attention réservée à Miθra Varugauyūti et à Rāman Huvāstra (= qui a de bons fourrages)[3].

10.0.18-19. (= 8.0.18-19, etc.)

Chapitre premier

[Fragment de la version légale du Yašt : définition et importance de Miθra]

10.1.1. (= 3.1.1, 8.1.1, 13.1.1, 18.1.1) Ahura Mazdā dit à Zaraduštra descendant de Spitāma:

10.1.2. [4]<Il te convient d'offrir le sacrifice à Miθra>. Car, lorsque moi je produisis Miθra Varugauyūti, (sache), (Zaraduštra) descendant de Spitāma, (que) je le fis aussi digne d'être honoré du sacrifice et du chant que me (fis) moi-même qui suis Ahura Mazdā.

10.2.1. Le marya[5] qui vicie le miθra (= l'échange entre les mondes), ô (Zaraduštra) descendant de Spitāma, ruine toute

---

[1] Rédigé en pehlevi.

[2] Rédigé en pāzand.

[3] Le Yazata Rāman est l'allégorie de la tranquillité et de la sécurité alimentaire des troupeaux qui accompagnent les pieux adorateurs ici-bas ou dans l'au-delà. Miθra et son acolyte Rāman paraissent complémentaires: ou bien les vaches broutent en prairie, ou bien reçoivent du fourrage à l'étable.

[4] Cf. 3.1.2, 8.50.

[5] Le «gars»: curieuse épithète péjorative des Daiva et des âmes de leurs suppôts. On ne peut savoir plus précisément de qui l'on parle ici.

nation; autant que (le font) cent Kayāda[6], autant celui qui frappe le ṛtavan[7] (ruine toute nation).

10.2.2. (Dès lors,) descendant de Spitāma, ne donne aucun coup à l'échange, (même) si tu te concertes avec le drugvant (au lieu du) ṛtavan respectueux de sa propre dainā[8]. Car Miθra leur appartient à tous deux (= l'échange les concerne tous deux): aussi bien au drugvant[9] qu'au ṛtavan.

10.3. Tandis que Miθra Varugauyūti confère de rapides chevaux (= un accès rapide et sans encombres au paradis) (à ceux) qui ne nuisent pas à l'échange (= la cérémonie sacrificielle) et que(, depuis ce monde,) Ātṛ[10] (fils) d'Ahura Mazdā (vers le paradis) ouvre le chemin le plus direct (à ceux) qui ne nuisent pas à l'échange, les déesses Fravṛti des ṛtavan (pour leur part), opulentes et savantes, octroient une noble descendance (dans l'au-delà)[11] (à ceux) qui ne nuisent pas à l'échange.

---

[6] Cette troupe d'êtres surnaturels néfastes paraît symboliser l'avarice du mauvais adorateur qui n'offre que fort peu en sacrifice. Leur nom, dérivé de √ yād (= véd. *YĀD*) «abonder, affluer» avec le préfixe péjoratif ka+, littéralement: «mauvais facteurs d'abondance», pourrait avoir quelque rapport avec celui des *Kimīdín* védiques, mais le rôle exact de ces derniers est tout aussi mal connu.

[7] Le pieux adorateur «qu'accompagne l'agencement bon» est celui qui accomplit des cérémonies sacrificielles dans lesquelles les différentes séquences rituelles s'agencent à merveille.

[8] Dainā est à la fois la déesse religion et la conscience religieuse d'un individu en particulier considérée comme l'une de ses parties immortelles à côté du ruvan ou âme-moi.

[9] Drugvant «accompagné du principe de dysfonctionnement (Druj)» qualifie tous les êtres du mauvais parti de la même façon que ṛtavan tous ceux qui appartiennent au bon.

[10] Le feu rituel situé ici-bas, au point de départ de l'échange sacrificiel.

[11] La Fravṛti, déesse qui représente, par son nom même, le «choix» que le mazdéen fait de la bonne religion appelée dainā, sa profession de foi (voir 8.0.11), est aussi la garantie que, dans l'au-delà, la relation matrimoniale de l'âme (ruvan) du pieux défunt avec sa conscience religieuse, appelée aussi

[Formules conclusives des chapitres du Mihr Yašt][12]

10.4.1. (= 8.3.1, etc.) Avec sa richesse et son hvarnah.

10.4.2. Je lui offre le sacrifice audible, à Miθra Varugauyūti, avec les libations.

10.4.3. Nous offrons le sacrifice à Miθra Varugauyūti.

10.4.4. [13](Miθra) avec qui réside Rāman, (Miθra) qui dispose, (dans l'au-delà et sur l'aire sacrificielle,) de bonnes résidences, (nous lui offrons le sacrifice) au profit des nations aryā.

10.5.1. Et qu'il vienne à notre aide! Et qu'il vienne nous donner de l'espace (= nous dégager de l'emprise des Daiva)! Et qu'il vienne à notre secours! Et qu'il vienne nous prendre en pitié! Et qu'il vienne nous guérir! Et qu'il vienne briser les obstacles que (les adversaires dressent) devant nous! Et qu'il vienne nous accorder la bonne existence (= l'accès au paradis)! Et qu'il vienne nous accorder le statut de r̥tavan[14]!

10.5.2. (Car) Miθra Varugauyūti est puissant[15], ne chancèle jamais, est digne que toute l'existence osseuse l'honore du sacrifice et du chant, digne que (toute l'existence osseuse) évite de le léser[16].

10.6.1. À Miθra, le Yazata impétueux[17] et opulent[18], qui est le plus opulent des dāman[19] (qu'Ahura Mazdā mît en place), j'offre le sacrifice, avec les libations.

---

dainā, sera fructueuse. La noble descendance (frazānti) du ruvan et de la dainā n'est autre qu'un saušyant (voir 10.16.3), un combattant eschatologique.

[12] = Ny 2.13-15.

[13] Cf. 8.2.2.

[14] Condition sine qua non de l'accès au paradis.

[15] ugra «puissant, qui en impose, qui a de l'ascendant», c'est-à-dire: possédant l'aujah, la puissance irrésistible du sacrifice qui lui permette d'affronter et de vaincre les Daiva. Cf. 10.78.3.

[16] Le sacrifice consiste essentiellement à rendre sacrée la libation dont l'offrande doit invigorer Miθra, à la sacri-fier en prononçant les paroles adéquates, tandis que l'impie prive le dieu de nourriture.

[17] La personnification des dieux n'étant jamais très poussée et certains d'entre eux restant même sans aucun protagonisme, il est souvent impossible

10.6.2. J'ai pour lui des attentions, à lui adresser le charme et l'hommage[20].

10.6.3. (= 10.4.2) Je lui offre le sacrifice audible, à Miθra Varugauyūti, avec les libations.

10.6.4. (= 10.4.3) Nous offrons le sacrifice à Miθra Varugauyūti,

10.6.5. (= 8.3.4, etc.) avec le hauma coupé de lait, avec le barsman, avec l'adresse de la langue et le manθra, avec la parole et le geste, avec les libations et les paroles à réciter d'une diction rectiligne.

10.6.6. (= 8.3.5, etc., Y 27.15.3) (Puis)qu'Ahura Mazdā sait, au cours de chaque sacrifice offert à (l'un) des êtres authentiques (ou à l'une des entités authentiques), ce qui est le mieux (pour nous) sur base de R̥ta (= sur base de l'harmonie que chacun de ces sacrifices comporte), nous leur offrons le sacrifice à eux et à elles.

[Chapitres II-III (10.7-11) : Le culte que le roi et les guerriers rendent à Miθra avant les combats]

Chapitre II

10.7. Nous offrons le sacrifice à Miθra Varugauyūti, qui, pour défier (les forces démoniaques), recourt à la diction

---

de faire la différence entre le dieu et la notion abstraite qu'il personnifie. Ainsi amavant «pourvu de force offensive, impétueux» pourrait aussi se rendre par «accompagné du dieu Ama».

18 Traduction approximative ou conventionnelle de sūra «qui possède l'embonpoint, pouvant augmenter de volume, opulent», c'est-à-dire: possédant le savah, les ressources nécessaires à l'accomplissement de prouesses et d'exploits cosmiques ou en faveur de l'adorateur.

19 «Positionnements, instaurations», c'est-à-dire: les êtres divins ou abstraits, humains ou autres qui sont autant de fiches chacune à sa place sur l'échiquier du bien et du mal.

20 Le fait d'aller à l'entour de Miθra, d'avoir pour lui des attentions et de le servir s'accompagne ici de deux attitudes: l'adorateur cherche à amadouer magiquement le dieu et lui montre du respect, lui rend hommage. Cf. Y 51.22c'.

continue[21], qui a mille oreilles et fait (usage de mots) bien forgés, qui a dix mille regards, haut de taille, le regard incisif, l'opulent, que n'affecte pas le sommeil, toujours en éveil,

10.8. (à Miθra) à qui les maîtres des nations (= les rois) offrent le sacrifice, pour se jeter, lors des combats, sur les sanguinaires Hainiyā[22] qui réunissent leurs lignes entre deux nations affrontées —

10.9.1. [23]Quelle que soit celle des deux (nations) qui lui offre le sacrifice en premier lieu, avec soin, science, concentration et confiance dans le rite, [24]vers elle se tourne Miθra Varugauyūti

10.9.2. [25]tout comme les Vāta Vr̥θrajan (= les vents briseurs d'obstacles) et qu' Upamāna[26] de Dāmi[27] —.

10.9.3-13. (= 10.4-6)

---

[21] En effectuant entre les mots toutes les liaisons et tous les enchaînements phonétiques requis, les adorateurs donnent aux paroles sacrées une force magique continue, sans interruption, sans faille, imparable, si bien que les démons n'ont plus aucune prise sur elles. La force qui se dégage de pareille récitation que les adorateurs font des textes rituels lors du sacrifice qui lui est offert permet à Miθra de défier les Daiva.

[22] Cf. 10.47.2, 10.48.1. Les diablesses Hainiyā «celles qui sont en horde», contrepartie négative des Fravr̥ti, représentent l'absence d'engagement mazdéen et de profession de foi ou le choix d'être non mazdéen.

[23] Cf. 13.47.1.

[24] Littéralement: «chez elle Miθra V° fait demi-tour (= trouve son point d'arrivée)».

[25] Cf. 12.4.3, 13.47.2.

[26] La figure de ce Yazata reste peu claire. Son nom paraît signifier «action de mesurer, de comparer, de donner une image ou de configurer». Il est malaisé aussi d'interpréter le génitif *dāmōiš* «de Dāmi» dont il est toujours flanqué : «fils de Dāmi» ? Voir encore les notes concernant 10.61.2, 10.66.1, 10.68.2, 10.127.1, 14.54.2.

[27] Ce nom de Mazdā, «celui qui mit (tout) en place, instaurateur», a pour synonymes dātar et dadvah.

Chapitre III

10.10. Nous offrons le sacrifice à Miθra Varugauyūti ... (= 10.7),

10.11.1. (à Miθra) à qui les guerriers offrent le sacrifice sur le dos de leur cheval[28],

10.11.2. (= 5.53.2) [29]lui demandant accélération pour leur attelage, fermeté pour leur personne, bonne garde contre les nuisibles, le moyen de repousser tout comme de mettre en déroute ceux qui, professant une mauvaise opinion et restant sans observance (religieuse valable), sont de nuisibles adversaires[30].

10.11.3-13. (= 10.4-6)

Chapitre IV

[Miθra auroral gardien des pays]

10.12. Nous offrons le sacrifice à Miθra Varugauyūti ... (= 10.7),

10.13.1. (à Miθra), le premier des Yazata Mānyava[31] à franchir (les sommets de) la (cordillère) Harā[32], depuis le côté oriental du Soleil immortel[33] qui a des chevaux de course,

10.13.2. (à Miθra) qui fait monter au sommet les nombreuses[34] et belles (aurores) aux ornements d'or[35] et qui, de

---

[28] Cf. 5.53.1.

[29] Cf. 10.94.1, 10.114.1, 11a.25.1.

[30] Taxer l'ennemi d'impie, voilà qui autorise sa mise à mort.

[31] Parmi les Yazata, les dieux auxquels il convient d'offrir le sacrifice, les textes distinguent les Yazata Gaiθiya «qui appartiennent aux troupeaux, au monde matériel», qui sont visibles tel le Soleil, et les Yazata Mānyava «qui appartiennent à l'opinion», qui, abstraits, sont invisibles tel Miθra.

[32] Chaîne de montagnes mythique, la Harā a été reconnue dans le Caucase, dans l'Alborz et dans l'Himālaya.

[33] Miθra se lève avant le Soleil pour jouer un rôle de première importance dans le mécanisme auroral. L'indication que le Soleil est immortel pourrait faire allusion à un mythe parallèle à celui qui, en Inde, lui donnait une naissance mortelle que ses frères immortels durent corriger.

là, très opulent[36], a sous les yeux tout (le territoire) qu'occupent les Arya[37],

10.14.1. (territoire) où les dirigeants ūrva[38] [39]ordonnent le tracé de nombreux canaux d'irrigation,

10.14.2. (territoire) où les hautes montagnes, regorgeant de pâturages et de rivières, [40]protectrices, se font prospères pour la vache,

10.14.3. (territoire) où il y a de profonds réservoirs pour la retenue de l'eau,

10.14.4. (territoire) où [41]la force torrentielle de larges rivières en crue est mise à profit ;

10.14.5. (à Miθra qui a) sous (les yeux les sept[42] pays:) l'Iškata[43] et le Paruta[44], la Margiane, l'Ariane et le Gava[45], la Sogdiane et la Chorasmie —

---

[34] Nombreuses sont aussi les aurores védiques: e. g. RS 6.28.1cd «Puisse-t-il y avoir ici, accompagnées de leurs progénitures, multiformes, pour donner du lait à *Índra*, les nombreuses (vaches) aurores!».

[35] Miθra est le dieu qui, pour un jour nouveau, choisit une aurore dans la réserve des aurores.

[36] En raison des honneurs sacrificiels dont il est l'objet.

[37] Les Arya, c'est-à-dire les Iraniens qui sont à l'origine «ceux chez qui l'obédience religieuse correcte est d'application», mais ceux qui, comme les Massagètes, s'y refusaient ou passaient pour s'y refuser reçurent le nom de Dāha, une désignation qui, dans l'Avesta, pourtant encore conservée avec ce sens dans le nom de l'archidémon Aji Dāhaka, a perdu sa charge péjorative pour devenir un simple ethnonyme: le Fravardīn Yašt connaît des Dāha mazdéens.

[38] Ūrva «qui fait des retenues d'eau, gérant des réserves en eau». L'une des prérogatives royales touchait à la gestion des ressources en eau.

[39] Traduction conjecturale du fait de la versatilité des leçons manuscrites et de l'incertitude lexicale.

[40] Traduction conjecturale du fait de la versatilité des leçons manuscrites et de l'incertitude lexicale. Cf. 13.9.2.

[41] Cf. RS 1.112.12a, 5.53.7a, 7.95.1a.

[42] Schéma 2 + 3 + 2. La Bactriane, qui manque, doit sans doute former une province de la Sogdiane ou de la Margiane.

10.15. (Sur les sept[46] secteurs de la Terre, autrement dit:) sur Ārzahi et Sāvahi, sur Frādatfšu et Vidatfšu, sur Varubr̥šti et Varujaršti[47], sur ce secteur-ci, le Hvaniraθa, lumineux, résidence des Gava et terre salutaire des Gava[48], (sur tous) l'opulent Miθra tourne ses regards —,

10.16.1. (au) Yazata Mānyava (Miθra) qui, sur les divers secteurs, se déplace (en char) pour y apporter le hvarnah,

10.16.2. (au) Yazata Mānyava (Miθra) qui, sur les divers secteurs, se déplace (en char) pour y consentir que les rites aient de l'influence sur lui,

10.16.3. (qui) intensifie les moyens de briser les obstacles au profit de Viduš-r̥ta et des autres (Saušyant)[49] qui, (dans l'au-

---

[43] Le nom de ce pays sur les bords de l'*Iaxártēs* (Syr Daria) se reconnaît dans celui de deux de ses villes, Cyreschata et Alexandria Eschata.

[44] Pays de situation controversée.

[45] Entre la Chorasmie et la Sogdiane.

[46] Schéma 2 + 2 + 2 + 1. Pour un autre schéma, voir 10.144.2. Les noms respectifs des sept secteurs (kr̥švan) n'ont pas reçu de justification plausible : «appartenant au (...) du soir», «appartenant au (...) de l'opulence», «qui apporte la prospérité au bétail», «qui procure du bétail», «aux vastes bosses», «aux vastes ...», «au char sonore».

[47] La morphologie de ce mot étant inconnue, sa lecture reste incertaine.

[48] Gava-šayana- «résidence des Gava»: la situation surprenante de cette nation de Sogdiane occidentale au centre du monde iranien envisagé pourrait correspondre à la place que le Vidēvdād 1, dans sa liste des meilleurs terroirs, accorde au Gava immédiatement après le mythique ou énigmatique Aryāna Vaijah de la rivière Dātiyā «(pays constitué par) le tourbillon appartenant aux Arya formé par la rivière de la loi».

[49] Les Saušyant «futurs donneurs de savah», fils des âmes pieuses, reçoivent souvent des noms qui sont des hémistiches ou courts segments de deux ou trois mots artificiellement extraits des Gāθā. Un des Saušyant est ici mentionné par son nom, lequel procède de Y 45.8d viduš r̥tā «orant, avec l'harmonie». Je m'explique que les Saušyant sont ici mentionnés, même si leur action appartient essentiellement au futur, à la fin des temps, par le fait que bon nombre d'entre eux sont logiquement déjà là, fils qu'ils sont des âmes des héros du passé.

delà,) pleins de compétence, lui rendent un culte, avec les libations.

10.16.4-14. (= 10.4-6)

Chapitre V

[Miθra qu'irrite l'ābimiθri]

10.17.1. Nous offrons le sacrifice à Miθra Varugauyūti ... (= 10.7),

10.17.2. (à Miθra) que ne doivent léser ni le chef de maison, ni le chef de village, ni le chef de tribu, ni le chef de nation —

10.18. (Car,) si (cherchent à) le léser le chef de maison, le chef de village, le chef de tribu ou le chef de nation, Miθra, furieux d'avoir été l'objet de pareille (tentative), se jette, pour les mettre en pièces, sur la maison, le village, la région ou le pays, sur les chefs des maisons, les chefs des villages, les chefs des tribus et les chefs des nations, sur l'autorité suprême des pays.

10.19. Miθra, furieux d'avoir été l'objet de pareille (tentative), surgit de ce côté duquel, parmi les côtés, celui qui nuit à l'échange ne pense même se défendre.

10.20.1. Les chevaux de ceux qui nuisent à l'échange, même bons animaux de trait, à courir, n'arrivent pas; à porter, ne tiennent pas; à tirer, font du surplace.

10.20.2. Le javelot vole en sens contraire que lance l'ābimiθri[50].

10.20.3. (S'il en est ainsi, c'est) surtout pour[51] les funestes manθra[52] que l'ābimiθri met en œuvre.

10.21.1. Même à le propulser bien propulsé et atteindre la personne, il ne lui cause aucun dommage.

10.21.2. (= 10.20.3)

---

[50] De la même façon que le zāraduštri est le zoroastrien ou disciple de Zaraduštra, l'ābimiθri est le sectateur d'Abimiθra, le Zaraduštra négatif qui, comme le dit son nom, compromet l'échange (miθra) à promouvoir une doctrine sacrificielle erronée ou contre-indiquée.

[51] Ou «malgré».

[52] Les manθra sont les paroles auxquelles il est recouru dans les rites.

10.21.3. Le vent emporte le javelot que lance l'ābimiθri.
10.21.4. (= 10.20.3) —.
10.21.5-15. (= 10.4-6)

Chapitre VI

[Miθra protecteur des pieuses gens]

10.22.1. Nous offrons le sacrifice à Miθra Varugauyūti ... (= 10.7),

10.22.2. (à Miθra) qui, s'il n'a pas (cherché) à le tromper, épargne à l'homme l'angoisse, lui épargne l'abandon[53] —

10.23.1. De l'angoisse qui nous harcèle, des pouvoirs de ceux qui nous en causent, Miθra, puisses-tu nous affranchir! (Car) nous ne t'avons pas lésé.

10.23.2. Toi, ainsi, tu envahis de terreur le propre corps des mortels qui vicient l'échange:

10.23.3. (= 10.63.1) toi, irrité, tu es capable de leur enlever la force des bras, l'accélération des pieds, l'acuité des yeux, l'ouïe des oreilles[54] —.

10.24.1. (= 10.63.2) (L'impie)[55] n'atteint cet (homme) ni du fil du javelot bien aiguisé ni de la flèche au vol extrême[56].

10.24.2. (= 10.46.2, 10.63.3) [57](Car,) à cet (homme) qui (lui offre le sacrifice avec soin,) science et concentration, Miθra vient en aide,

---

[53] L'angoisse ou manque d'espace (anzah) et l'abandon (θyajah), fait de rester en arrière, sans possibilité d'arriver à l'existence excellente, ce sont deux dangers qui guettent l'âme à l'instant de la mort.

[54] La phrase fait écho au châtiment que Darius, à Bīsotūn, dit avoir infligé aux rebelles considérés comme des impies : il leur avait porté atteinte aux orifices (oreilles, yeux, ...) pour leur enlever le baudah «la faculté de perception», lequel était vu comme l'une des parts immatérielles que l'individu pouvait espérer retrouver dans l'au-delà.

[55] Ou : «(Miθra)» ?

[56] Cf. AS 1.3.9a, RS 6.75.16a.

[57] Traduction conjecturale du fait du caractère très fragmentaire du passage.

10.24.3. (= 10.46.3, 10.63.4, etc.) (Miθra,) opulent, omniscient et infaillible, au service de qui circulent dix mille espions[58].

10.24.4-14. (= 10.4-6)

Chapitre VII

[Le roi Miθra]

10.25.1. Nous offrons le sacrifice à Miθra Varugauyūti ... (= 10.7),

10.25.2. au fameux et impétueux roi (Miθra), de qui l'acuité visuelle s'exerce en accord avec les lois[59], lui qui défie (les adversaires), qui se plaît à écouter les chants, haut de taille, pourvu de grandes habiletés, qui a le Manθra (Spanta) pour corps[60], guerrier fort à bras,

10.26.1. (à Miθra) qui frappe la sale[61] tête des Daiva[62], fixe les expiations, inflige le châtiment aux mortels qui, (suppôts des Daiva,) nuisent à l'échange, met les Parikā[63] en déroute[64],

10.26.2. (à Miθra) qui, à la nation qui n'a pas cherché à le léser, offre une force offensive supérieure (à celle de ses

---

[58] Les yeux du roi Miθra sont parfois personnifiés : ce sont dix mille espions, huit seulement selon 10.45. Cf. RS 7.87.3.

[59] Traduction conjecturale : l'acuité visuelle du dieu lui permettrait de repérer ceux qui ne respectent pas les lois religieuses (dāta-).

[60] Le corpus des textes du mazdéisme constitue le corps de Miθra et l'âme d'Ahura Mazdā.

[61] Pour les êtres connotés négativement, humains ou surnaturels, l'avestique recourt à un vocabulaire distinct de celui employé pour les dieux et les pieux adorateurs. Je rends ici ce phénomène appelé daivisme en affublant le mot concerné de l'adjectif «sale».

[62] Les êtres démoniaques auxquels l'impiété ou le sacrifice déficient profitent.

[63] Les Parīkā «envoûtantes», contrepartie féminine des Yātu, sont, comme ces derniers, des êtres surnaturels maléfiques liés à la sorcellerie.

[64] La forme féminine de ham-maistar- «celui qui met les adversaires en déroute», ham-maistrī-, attestée principalement dans le Y 16.8, explique le nom d'Amestris, l'épouse de Xerxès.

ennemis), (à Miθra) qui, à la nation qui n'a pas cherché à le léser, offre une force défensive supérieure (à celle de ses ennemis),

10.27.1. [65](à Miθra) qui empêche aux nations agressives de suivre les (chemins) les plus directs et d'accéder au hvarnah, leur retire la force de briser les obstacles, les persécute sans qu'elles puissent se défendre et les livre par myriades à la mort,

10.27.2. (= 10.24.3) (Miθra,) opulent, omniscient et infaillible, au service de qui circulent dix mille espions.

10.27.3-13. (= 10.4-6)

Chapitre VIII

[La maison que Miθra édifie pour l'homme pieux. Le texte modèle du culte de Miθra]

10.28.1. Nous offrons le sacrifice à Miθra Varugauyūti ... (= 10.7),

10.28.2. (à Miθra) qui, de la maison construite en hauteur, maintient les colonnes à bonne distance les unes des autres [66]et rend sûres les voûtes.

10.28.3. Car, tandis qu'il installe dans la maison qui l'accueille troupeau de vaches et (multitude)[67] de héros, il vient fracasser les autres maisons où hostilité lui est montrée —

10.29.1. Toi Miθra, tu es mauvais[68] et excellent pour les nations.

10.29.2. Toi Miθra, tu es mauvais et excellent pour les mortels.

10.29.3. Toi Miθra, tu permets aux nations que leurs rites aient ou non de l'influence (sur toi et que leur vienne la concorde ou la discorde)[69].

---

[65] Traduction conjecturale du fait des sous-entendus ou des anomalies grammaticales.

[66] Traduction conjecturale du fait d'incertitudes lexicales.

[67] D'après Y 62.10.1ab.

[68] Il y aurait donc un bon et un mauvais Miθra comme il y a un bon et un mauvais Vāyu. À ce propos, remarquons que la Zand-āgāhīh (livre pehlevi) connaît un sombre Miθra.

10.30.1. Toi, tu peux faire que les maisons soient peuplées de jolies femmes et fréquentées de jolis chars, que (le sol et les bancs) y soient couverts de peaux de chevaux avec des coussins disposés (çà et là) et qu'elles soient spacieuses[70].

10.30.2. Toi, que la maison soit peuplée de jolies femmes et fréquentée de jolis chars, que (le sol et les bancs) y soient couverts de peaux de chevaux avec des coussins disposés (çà et là) et qu'elle soit spacieuse, c'est ce que tu peux faire, (pour) le r̥tavan qui, à t'apporter les libations, t'offre le sacrifice au cours duquel mention est faite de tes noms au moyen du texte modèle[71].

10.31.1. (= 10.56.2) [72]Le sacrifice au cours duquel mention est faite de tes noms au moyen du texte modèle comportant le mot «opulent», Miθra, je te l'offre, avec les libations.

10.31.2. (= 10.56.3) Le sacrifice au cours duquel mention est faite de tes noms au moyen du texte modèle comportant le mot «très opulent», Miθra, je te l'offre, avec les libations.

10.31.3. (= 10.56.4) Le sacrifice au cours duquel mention est faite de tes noms au moyen du texte modèle comportant le mot «infaillible», Miθra, je te l'offre, avec les libations.

10.32.1. (= 10.57.1) [73]Puisses-tu, Miθra, entendre le sacrifice que nous t'offrons! Puisses-tu, Miθra, réserver bon

---

[69] Āxšti «la paix, la concorde» se confond ou s'identifie avec le bon résultat de l'influence que le rite peut exercer sur la divinité; Anāxšti «la discorde», avec les conséquences regrettables de la négligence des rites.

[70] Tout ce qu'il faut pour recevoir les dieux?

[71] Le texte lacunaire dans lequel les espaces en blanc sont à remplir avec les noms et les épithètes opportunes correspondant à la divinité que l'on veut honorer. Cf. 10.56.1.

[72] Avec cette phrase et la suivante il est expliqué en quoi consiste un yašt: dire le sacrifice en l'offrant au dieu à qui certaines épithètes requises sont octroyées.

[73] Cf. Y 68.9.1.

accueil au sacrifice que nous t'offrons! Puisses-tu prendre en considération[74] le sacrifice que nous t'offrons!

10.32.2. (= 10.57.2) Agrée nos libations! Agrée-les: elles sont exemplaires! Rassemble-les en vue du jugement! Dépose-les-toi dans le Garah Dmāna[75]!

10.33. (= 10.58) Accorde(-nous) la faveur qui nous revient et que nous te demandons, à toi l'opulent, durant l'observance des Dāta Sravah[76]: la doctrine, l'élan et [77]la force de briser les obstacles, le droit à la bonne existence[78] et le statut de r̥tavan, la chance de savoir le bon sravah[79] et d'avoir un bon ruvan, la force d'étudier, celle d'enseigner et la science, (cela nous vous le demandons) à toi, à Vr̥θragna Ahuradāta, à [80]Vanantī Uparatāt de R̥ta Vahišta et à [81]Patipr̥šti de Manθra Spanta!

---

[74] En tenir compte lors du jugement de notre âme aux portes de l'au-delà?

[75] Car ces offrandes qui, pour l'heure, alimentent les dieux, le moment venu, y alimenteront aussi l'âme du pieux défunt. Le Garah Dmāna «la maison du chant de bienvenue» est le paradis des mazdéens. Cf. Y 45.8cc'.

[76] Sans doute est-ce la partie juridique du Manθra Spanta, qui contenait notamment les lois religieuses en matière d'observance alimentaire.

[77] Cf. Y 68.2.

[78] En plus du r̥tāvasta «statut de r̥tavan», du hāusravaha «qualité de qui possède de bons moyens de se faire entendre des dieux» et du hurūniya «qualité de qui possède une bonne âme-moi», le hāuahava du pieux adorateur, sa «qualité de posséder la bonne existence», est sans doute tout à la fois le fait d'avoir de son vivant généré ou installé correctement «l'existence rituelle» et, défunt, celui d'avoir accès à «l'excellente existence», au paradis, dont ladite existence rituelle correcte est la préfiguration et la condition sine qua non.

[79] L'hymne avec lequel le défunt se fait entendre des dieux, sa gloire: allusion à l'Uštāvatī Gāθā que l'âme du pieux défunt récite les trois premières nuits qui suivent la mort.

[80] Allégorie de la victorieuse supériorité que le Y 27.14 possède sur tout autre texte.

[81] Allégorie du commentaire du corpus des textes mazdéens.

10.34.1. (= 10.59.1) (Accorde-nous cette faveur:) que nous, avec pensée bonne et prévoyance, [82]à nous en réjouir et à montrer du courage, nous puissions vaincre tous les adversaires!

10.34.2. (= 10.59.2) (Accorde-nous cette faveur:) que nous, avec pensée bonne et prévoyance, à nous en réjouir et à montrer du courage, nous puissions vaincre tous ceux qui professent une mauvaise opinion!

10.34.3. (= 10.59.3) (Accorde-nous cette faveur:) que nous, avec pensée bonne et prévoyance, à nous en réjouir et à montrer du courage, nous puissions [vaincre][83] surmonter toutes les nuisances que causent[84] les Daiva et (leurs suppôts) mortels, les Yātu[85] et les Parīkā, les sātar[86], les kavi et les kr̥pan! —.

10.34.4-14. (= 10.4-6)

Chapitre IX

[Miθra adversaire des Hainiyā]

10.35.1. Nous offrons le sacrifice à Miθra Varugauyūti ... (= 10.7),

10.35.2. (à Miθra) qui garantit aux rivières un certain débit, qui pourfend les armées ennemies, qui dispose de mille pouvoirs de purification[87], qui détient l'influence rituelle et s'y soumet, l'omniscient,

10.36.1. (à Miθra) qui entame le combat, qui reste au combat et qui, restant au combat, met en pièces les lignes (ennemies):

---

[82] Traduction fort conjecturale du fait d'incertitudes lexicales.

[83] Interpolation par inertie.

[84] Ou: «causeront». Cf. 14.4.

[85] Les Yātu (= védique *yātú*) et les Parīkā sont des êtres surnaturels maléfiques, respectivement mâles et femelles, liés à sorcellerie.

[86] Diverses variétés de prêtres appartenant à l'obédience honnie: appoximativement «les dépeceurs, les voyants et les pleureurs».

[87] La yaušti (ou yušti ?), pouvoir de purification, est ce qui permet d'éliminer les démons et d'arriver à une remise en parfaite condition des êtres qu'ils auraient contaminés.

10.36.2. lorsque tous les bords de leurs lignes précipitées au combat sont en ébullition, il terrorise le centre de l'armée sanguinaire (des Hainiyā[88]),

10.37.1. et, grâce à l'influence que le rite exerce sur lui, le voici apporter le désastre et inspirer la panique aux (lignes de la horde des Hainiyā).

10.37.2. Il disloque la sale[89] tête des mortels (suppôts des Daiva) qui nuisent à l'échange, fait divaguer la sale tête des mortels (suppôts des Daiva) qui nuisent à l'échange.

10.38.1. Les habitations sont mises à feu et à sang, et les lieux se font inhospitaliers où vivent ceux qui nuisent à l'échange et [authentique][90] les drugvant qui frappent les r̥tavan.

10.38.2. La vache[91], sur le chemin de la cruauté et de la captivité, est traînée avec la longe, elle que, (suppôts des Daiva) qui nuisent à l'échange, les mortels ont poussée dans les crevasses[92].

10.38.3. Les (monstres) à museau d'ovin qu'ils attellent à leurs chars, dans la course[93], restent incapables de frapper avec leurs cornes.

10.39.1. Leurs flèches ont beau avoir des plumes d'aigle et l'arc dont la corde les propulse être bien bandé, quand elles volent, c'est sans que leur fil puisse faire d'entaille, du fait que Miθra Varugauyūti, irrité pour avoir été offensé et n'avoir pas été reconnu, leur donne le change[94].

---

[88] Les diablesses qui représentent les professions de foi négatives.

[89] Pour les êtres connotés négativement, humains ou surnaturels, l'avestique recourt à un vocabulaire distinct de celui employé pour les dieux et les pieux adorateurs. Je rends ici ce phénomène appelé daivisme en affublant le mot concerné de l'adjectif «sale».

[90] Interpolation sous l'influence de 10.45 ?

[91] Symbole de Dainā?

[92] Ceci paraît faire allusion à certains types réprouvés de mises à mort rituelles.

[93] Pour l'au-delà?

[94] Jeu de mots ou de racines entre Mi-θra «échange» et miθ-nā-ti «il combat, donne le change».

10.39.2. Leurs javelots ont beau être bien aiguisés, être bien pointus et avoir une longue portée, quand ils volent depuis leurs bras, c'est sans que leur fil puisse faire d'entaille, du fait que Miθra Varugauyūti, irrité pour avoir été offensé et n'avoir pas été reconnu, leur donne le change.

10.39.3. Leurs pierres de fronde ont beau être bien (lancées), quand elles volent depuis leurs bras, c'est sans que leur fil puisse faire d'entaille, du fait que Miθra Varugauyūti, irrité pour avoir été offensé et n'avoir pas été reconnu, leur donne le change.

10.40.1. Leurs épées ont beau être bien maniées, quand leurs coups sont assénés sur la tête des (bons) mortels, c'est sans que leur fil puisse blesser, du fait que Miθra Varugauyūti, irrité pour avoir été offensé et n'avoir pas été reconnu, leur donne le change.

10.40.2. Leurs massues[95] ont beau être bien brandies, quand leurs coups sont assénés sur la tête des (bons) mortels, c'est sans que leur fil puisse blesser, du fait que Miθra Varugauyūti, irrité pour avoir été offensé et n'avoir pas été reconnu, leur donne le change.

10.41. Miθra environne (leurs lignes) d'épouvantes, Rašnu (les) épouvante encore, le pieux Srauša[96] de tous les côtés (les) harcèle, les Yazata protecteurs[97] (du fidèle) déciment leurs lignes[, du fait que Miθra Varugauyūti, irrité pour avoir été offensé et n'avoir pas été reconnu, leur donne le change];

---

[95] Le vazra (véd. *vájra*), sorte de massue, est l'arme par excellence de Miθra, mais, ici, c'est curieusement le nom donné à l'arme des miθradruj «ceux qui nuisent à l'échange».

[96] Les dieux Miθra, Rašnu et Srauša, à former une triade, sont sans doute vus ici dans leur fonction de juges des âmes, le premier jouant le rôle d'avocat de la défense, le deuxième pesant les mérites et les torts dans la balance et le troisième faisant office d'accusateur, devant lesquels l'âme-moi, le moment venu, viendra se présenter.

[97] Ces Yazata, si ce ne sont pas Miθra, Rašnu et Srauša, restent non identifiés. Il n'est pas exclu de lire «les deux Yazata protecteurs» et de penser aux énigmatiques deux guerriers, Parušvarnah et Parubaišaza, qui, dans le Sīh-rōzag, accompagnent Ātr̥ patron du neuvième jour du mois.

10.42.1. (ces Yazata déciment les Hainiyā) qui disent ceci à Miθra Varugauyūti:

10.42.2. [Ô Miθra Varugauyūti,] ces chevaux[98] de courses nous emportent, ô Miθra, vers la mort! Maniées de ton bras puissant, les épées, ô Miθra, nous mettent en pièces!

10.43.1. Ensuite Miθra Varugauyūti les crible de coups,

10.43.2. (= 8.61.2, 14.53.2, V 7.53.2, etc.) (répondant) de cent coups aux cinquante, de mille coups aux cent, de dix mille coups aux mille, d'innombrables coups aux dix mille[,

10.43.3. du fait que Miθra Varugauyūti, irrité pour avoir été offensé et <n'avoir pas été reconnu, leur donne le change>].

10.43.4-14. (= 10.4-6)

Chapitre X
[La maison de Miθra]

10.44.1. Nous offrons le sacrifice à Miθra Varugauyūti ... (= 10.7),

10.44.2. (à Miθra) de qui la résidence, aussi large que la Terre[99], est (bien) établie dans l'existence osseuse, grande, sans exiguïté, lumineuse (comme le Hvaniraθa), [100]arrosée d'une large rivière, environnée de vastes potagers,

10.45. (à) Miθra au service de qui[101] huit[102] espions, assis sur les différents sommets (de la Terre) et les différentes vigies, sont à la recherche de ceux qui nuisent à l'échange, pour repérer et prendre note de ceux qui sont les premiers à nuire à l'échange[103], pour la protection du chemin des (mazdéens),

---

[98] Les Hainiyā sont des cavalières comme les Fravr̥ti.

[99] Cf. 10.95.2.

[100] Traduction conjecturale à partir d'ici du fait des incertitudes lexicales et de lecture. Cf. 8.40.2e.

[101] Littéralement : «(à) Miθra de qui huit serviteurs, sur les différents sommets ..., sont espions assis et ...».

[102] Cf. RS 1.25.13c, 1.35.8a, 6.67.5cd, 7.87.3ab. Dans la RS, *Mitrá* est l'un des huit fils d' *Áditi*.

[103] Il faut peut-être comprendre «de ceux qui sont les premiers à nuire à l'échange» comme suit: «de ceux qui nuisent à l'échange dès qu'ils le font».

(chemin) authentique[104] que les drugvant qui nuisent à l'échange et ceux qui frappent les r̥tavan cherchent à suivre.

10.46.1. [105]Protecteur de la (personne) face aux dangers venant d'en bas, de derrière ou de devant, regard panoramique, infaillible, Miθra Varugauyūti se met au service du (mazdéen).

10.46.2-3. (= 10.24.2-3)

10.46.4-14. (= 10.4-6)

Chapitre XI

[Miθra adversaire des Hainiyā]

10.47.1. Nous offrons le sacrifice à Miθra Varugauyūti ... (= 10.7),

10.47.2. (à Miθra) bien connu pour sa colère lorsque les chevaux aux sabots acérés le tirent (et qu'il se précipite ainsi) [106]sur les sanguinaires Hainiyā qui réunissent leurs lignes entre deux nations affrontées.

10.48.1. Car, lorsque Miθra se précipite sur les sanguinaires Hainiyā qui réunissent leurs lignes entre deux nations affrontées, (et attaque) alors les hommes qui nuisent à l'échange, (leur) paralyse les sales[107] mains, entrave la vue, inonde de silence les oreilles et déstabilise les pieds, il n'y a de sa part aucune rémission (pour eux).

10.48.2. Les nations au sein desquelles Miθra Varugauyūti s'avère être maltraité (ne peuvent rien contre) leurs adversaires.

10.48.3-13. (= 10.4-6)

---

[104] Haθya «authentique, vrai», c'est-à-dire, plus strictement: appartenant aux Hant «ceux qui sont», c'est-à-dire : aux êtres surnaturels que sont les dieux. Dès lors, je comprends que les mazdéens défunts, pour accéder au paradis, empruntent un même chemin que les dieux.

[105] Cf. RS 2.9.6c, 8.61.15c.

[106] Cf. 10.8.

[107] «Sales» pour rendre le daivisme. Cf 14.63.2.

Chapitre XII

[La maison de Miθra. Miθra adversaire d'Išma]

10.49. Nous offrons le sacrifice à Miθra Varugauyūti ... (= 10.7),

10.50. [108](à Miθra) pour qui l'instaurateur Ahura Mazdā configura une résidence au-dessus de Harā, la haute et brillante (cordillère) vers laquelle (les hommes pleins d'espoirs) sont nombreux à se tourner et où ni la nuit ni les ténèbres ni le vent froid ni le vent chaud ni la souffrance de nombreuses destructions ni la contagion que les Daiva mirent en place ni les nuages ne peuvent monter, [là, au-dessus de Harā,]

10.51.1. [109]tandis que les (autres) Amr̥ta Spanta[110] procédaient à l'accomplissement des rites, tous d'un même coeur et à l'unisson, avec soin, science et concentration, avec confiance en l'existence (rituelle),

10.51.2. (Miθra) qui embrasse toute l'existence osseuse du regard depuis le haut de Harā.

10.52.1. Mais[111], lorsqu' (Išma), la démarche terrible, se fourvoie avec de mauvaises intentions et de funestes actions, les dieux attellent leurs chars rapides: Miθra Varugauyūti, le pieux et opulent Srauša et le mugissant Nariya Sanha[112].

---

[108] Cf. 12.23.1.

[109] Cf. 13.92.1.

[110] Ces divinités abstraites représentent les bonnes caractéristiques du sacrifice que les pieux adorateurs offrent aux Yazata. Ahura Mazdā est tout à la fois un Yazata et un Amr̥ta Spanta. L'indication que les Amr̥ta Spanta, synecdoques de l'adorateur, participèrent à l'édification de la maison de Miθra en accomplissant les rites est importante : la maison de Miθra est l'espace rituel, celui de l'échange sacrificiel entre les mondes, celui que la performance rituelle menée à terme par Ahura Mazdā lui-même a installé.

[111] Il y a une discontinuité dans la teneur de ce chapitre que ce «mais» dénonce : collage ?

[112] Messager des dieux, espèce de Gabriel avestique, ce Yazata porte le nom curieux de «définition de masculin». Il est comparable au védique *Nárāśáṁsa* «définition des masculins» sans que l'on puisse justifier clairement son nom. Nous ne savons pas non plus pourquoi ce dieu mugit, pour autant que tel soit bien le sens de l'épithète māyu. Dès lors, il reste bien

10.52.2. (Et Miθra) le frappe de ses rais[113] ou de sa force offensive.

10.52.3-13. (= 10.4-6)

Chapitre XIII

[Fragment du mythe étiologique du sacrifice offert à Miθra]

10.53.1. Nous offrons le sacrifice à Miθra Varugauyūti ... (= 10.7),

10.53.2. (à Miθra) qui, (non sans) d'abord (lui avoir rendu hommage) les bras levés, exposa ses griefs devant Ahura Mazdā:

10.54.1. Moi, de tous (tes) dāman, je suis le protecteur, ô industrieux. Moi, de tous (tes) dāman, je suis le conservateur, ô industrieux.

10.54.2. [114]Et, pourtant, les mortels ne m'offrent pas le sacrifice dans lequel mention serait faite de mes noms alors que les autres Yazata, (eux oui,) se voient honorés par les sacrifices comportant la mention de leurs noms.

10.55. (= 8.11, 10.74) Car, si les mortels m'offraient un sacrifice dans lequel mention serait faite de mes noms ainsi qu'ils le font pour les autres Yazata qui (eux) se voient honorés par les sacrifices comportant la mention de leurs noms, je pourrais à l'envi[115] mettre en marche la durée du temps non découpé de ma propre vie, laquelle est ensoleillée et immortelle, et surgir (= faire acte de présence, intervenir) <pour une seule nuit ou deux ou cinquante ou cent> du temps découpé[116],

---

difficile d'apprécier la variation que la triade divine montre par rapport à 10.41.

[113] Traduction conjecturale en raison d'une incertitude lexicale. Ceci rappellerait que les astrologues donnaient au Soleil le nom de Miθra et que l'adversaire du Soleil, lors de la grande conflagration, est un Miθra ténébreux.

[114] Cf. 8.23.3.

[115] Cette locution «à l'envi» me sert à rendre l'intensif des verbes qui suivent.

[116] La force que le sacrifice leur envoie permet à des étoiles comme Tištriya (= Sirius) et à des dieux aussi abstraits que Miθra, qui appartiennent à

10.56.1. (lorsque les mortels diraient:) Le sacrifice au cours duquel mention est faite de tes noms au moyen du texte modèle comportant le mot «opulent», Miθra, je te l'offre, avec les libations.

10.56.2-3. (= 10.31.1-2)
10.57.1-2. (= 10.32.1-2)
10.58. (= 10.33)
10.59.1-3. (= 10.34.1-3)
10.59.4-14. (= 10.4-6)

Chapitre XIV
[Miθra acteur de l'eschatologie individuelle]

10.60.1. Nous offrons le sacrifice à Miθra Varugauyūti ... (= 10.7),

10.60.2. (à Miθra) qui dispose du statut de connaisseur de bons hymnes[117], qui a bonne forme[118] et bonne proclamation[119];

---

l'infini, de jouer un rôle dans le monde fini. Le sacrifice qui leur est offert est le moyen dont ils disposent de descendre en ce monde-ci, d'y intervenir et de lutter contre les démons qui s'y trouvent confinés.

[117] Hāusravaha «qualité de husravah». C'est le statut de l'âme du pieux adorateur qui, de son vivant, recourut à de bons hymnes (sravah), les *Gāθā*, dans l'accomplissement des rites et qui, au seuil de son voyage pour le paradis, en récite pour se faire entendre des dieux. Sans doute Miθra, à représenter l'échange entre les deux existences, est-il en charge du transport de ce statut: je n'écarte pas la possibilité que, pour ce faire, Miθra, dès avant la mort et à titre de préfiguration, adopte l'apparence idéale (kr̥p) de l'âme de l'adorateur et son statut pour effectuer en son nom le voyage de ce monde à l'autre.

[118] Les dieux, pour l'accomplissement mythique de leurs exploits, adoptent des formes idéales (kr̥p): cf. 10.90.2 et 11.21. Dans la *R̥gvedasaṁhitā*, il n'est malheureusement question que de la *kŕ̥p* du dieu feu, ce qui n'aide donc guère, mais, ici, au vu des deux autres termes de l'énumération, hāusravaha, qui fait allusion à l'une des qualités de l'âme du pieux défunt, et frasasti, qui fait allusion aux prouesses divines, je comprends que Miθra accomplit ses exploits en adoptant la forme idéale de l'âme de l'adorateur concerné.

10.60.3. (à Miθra) qui emprunte les voies et dispose des prairies qu'il veut.

10.60.4. [120]Car, en surmontant les n<uisances que causent les nuisibles (humains ou surnaturels)>, (Miθra), par les voies qu'il veut, <condui>t la <vache> de bonne offrande[121] à l'éleveur de bétail[122],

10.60.5. (= 10.24.3)

10.60.6-16. (= 10.4-6)

Chapitre XV

[Miθra observateur du monde]

10.61.1. Nous offrons le sacrifice à Miθra Varugauyūti ... (= 10.7),

10.61.2. (à Miθra) qui, les chevilles droites, est toujours en alerte, à observer (le monde) et à défier avec vaillance (les forces démoniaques), [123]qui, se tenant dans le sens du courant (de l'eau céleste, la Voie Lactée[124] [?]), perçoit l'appel (que lui lance le mazdéen), qui donne aux rivières de couler et aux plantes de croître, trace de droits sillons, défie (les forces démoniaques), en mesure qu'il est de (tout) mettre en condition

---

[119] La proclamation (frasasti, véd. *práśasti*) est l'énumération solennelle des prouesses divines qui, dans ce cas-ci, se confondent avec les mérites de l'adorateur. Car, sans l'activité rituelle, le dieu n'a la force de rien accomplir au profit de ce dernier ; et, comme les prouesses du dieu n'existent que si l'adorateur lui rend un culte, la proclamation est en quelque sorte donc aussi celle des mérites du défunt.

[120] Traduction fort conjecturale en raison du caractère corrompu du passage.

[121] Gau Hudāh «la vache de bonne offrande» doit être le symbole de Dainā.

[122] Le pieux adorateur qui, par ses sacrifices, acquiert la vache-religion et qui, comme éleveur de bétail, la nourrit pour la retrouver dans l'au-delà sous la forme (krp) d'une jeune femme de quinze ans.

[123] Cf. 13.43.1.

[124] Ap Anāhitā.

optimale[125], infaillible, lui que Dāmi[126] situa avec de nombreux pouvoirs de (tout) mettre en condition optimale,

10.62. (à Miθra) qui ne permet à aucun des mortels qui nuisent à l'échange d'avoir ni pouvoir ni accélération[127]; qui ne permet à aucun des mortels qui nuisent à l'échange d'avoir ni hvarnah ni récompense —

10.63.1. (= 10.23.3)

10.63.2-4. (= 10.24.1-3)

10.63.5-15. (= 10.4-6)

[Chapitres XVI-XVIII (10.64-72). Le cortège, les chevaux et le char de Miθra]

Chapitre XVI

10.64.1. Nous offrons le sacrifice à Miθra Varugauyūti ... (= 10.7),

10.64.2. (à Miθra), qui toujours se tient au service de la belle Dainā[128] au large front, car en lui (Ahura Mazdā) plaça la grande et offensive (force antidémoniaque appelée Vr̥θragna);

10.64.3. (à Miθra) [129]de qui le reflet est fermement établi sur tous les secteurs (de la Terre) qui sont sept;

10.65.1. (à Miθra), rapide des rapides, performant des performants, vaillant des vaillants, provocateur des provocateurs (des forces impies);

10.65.2. (à Miθra), qui, (à l'adorateur), offre la fraîcheur[130], offre (de quoi verser) une libation, offre des

---

[125] La yaušti «pouvoir de purification ou de mise en état optimal», dont le nom s'explique par la même racine que yuvan «qui est mature, en pleine possession de ses moyens, performant» et que le latin *ius dicere* «dire comment il faut que ce soit», est aussi la capacité d'éliminer les démons puisque ceux-ci représentent tout ce qui est infection, inadéquation ou dysfonctionnement.

[126] Nom ou titre d'Ahura Mazdā: «situateur, instaurateur».

[127] Dans la course pour l'excellente existence.

[128] La religion mazdéenne.

[129] Traduction conjecturale du fait d'une incertitude lexicale.

troupeaux, offre des femelles[131], offre des fils, qui, (à l'adorateur,) garantit les moyens de vivre, garantit l'accès à la bonne existence (= l'accès à Garah Dmāna), garantit le statut de r̥tavan;

10.66.1. (à Miθra) qu'accompagnent[132] la déesse Ārti[133], (la déesse) Parandī[134] au char plein de richesses, la puissante Nariyā Hamvr̥ti[135], le puissant Kāvya Hvarnah[136], le puissant Θvarta[137] qui se mit en place de lui-même, le puissant Upamāna de Dāmi[138], les puissantes Fravr̥ti des r̥tavan et (l'allégorie de) l'unanimité[139] des nombreux r̥tavan mazdéens.

10.66.2-12. (= 10.4-6)

Chapitre XVII

10.67.1. Nous offrons le sacrifice à Miθra Varugauyūti ... (= 10.7),

10.67.2. (à Miθra) qui circule avec le char que (Spanta) Manyu forgea, les roues hautes, (pour aller) depuis le secteur Ārzahi jusqu'à ce secteur-ci, le Hvaniraθa lumineux,

---

[130] La fraîcheur ou capacité de perfection, de rénovation pourrait être la possibilité pour l'âme du pieux défunt de prendre part au retour à l'infini et à la victoire définitive qui marqueront la fin du temps linéaire.

[131] Autre possibilité : «offre d'avoir de l'influence sur les dieux».

[132] L'exégèse de cette réunion d'entités divines si diverses reste difficile.

[133] Ārti «la chance (d'avoir une descendance)». Cf. 8.38.3.

[134] Parandī «la femme enceinte» (= véd. *púramdhī/i*), allégorie de la fécondité.

[135] Nariyā Hamvr̥ti «la bravoure masculine», déesse guerrière, sans doute comparable à la latine *Nerio Martis*.

[136] Kāvya Hvarnah «la réserve de nourriture gérée par les Kavi» est le dieu auquel le Kayān Yašt (Yt 19.9-96) rend un culte.

[137] Θvarta «le véloce», la roue du ciel qui tourne sur son axe sans avancer, le firmament, allégorie ou image du temps infini et imparable.

[138] Sur Dāmaiš Upamāna (Upamāna de Dāmi), dieu énigmatique, voir les notes concernant 10.68.2 et 10.127.1.

[139] Haθrāka «le consensus, l'unanimité» n'apparaît qu'ici.

accompagné de la roue de char (= le Soleil ?), de Hvarnah Mazdādāta et de Vr̥θragna Ahuradāta;

10.68.1. (à Miθra) du char de qui la haute déesse Ārti tient les rênes, (pour le char) de qui Dainā Māzdayasni[140] trace des chemins faciles à suivre;

10.68.2. [141](à Miθra) que tirent de rapides (chevaux) Mānyava[142] rosâtres, brillants et visibles, savants, qui connaissent (l'itinéraire), qui ne projettent aucune ombre[143], qui obéissent à la volonté de (Spanta) Manyu, dès qu'Upamāna de Dāmi lui a bien donné le départ[144];

10.68.3. (= 10.97.4) (à Miθra) que craignent tous les Daiva Mānyava[145] et tous les drugvant Varaniya[146], (à penser ceci:)

---

[140] La déesse «religion des mazdéens», ce faisant, joue un rôle que l'Inde védique attribue à l'Aurore (RS 5.80.3c).

[141] Cf. 11a.26.2.

[142] La bonne opinion, le manyu, que le mazdéen a de Mazdā et sur base de laquelle ce mazdéen rend un culte ou offre le sacrifice à Miθra, fournit à ce dernier les chevaux, pour cette raison appelés Mānyava «provenant du manyu», qui lui permettent de tenir son rôle.

[143] Cf. RS 10.27.14a.

[144] Littéralement: «cédé (la place/le chemin pour aller)». Cf. RS e. g. 1.113.16. Pour cette fonction d'impulseur, Upamāna peut être comparé au dieu védique *Savitŕ̥*.

[145] Les Daiva nés de la (mauvaise) opinion que les impies ont de Mazdā, autrement dit: les Daiva fils d'Ahra Manyu. Ils reçoivent aussi le nom énigmatique de Daiva Mazaniya (ou Māzaniya?) que la tradition postérieure, recueillie dans le Šāh-nāma, interprète comme un ethnonyme pour faire du Māzandarān le pays ou un protectorat des démons. Je n'écarte pas que fondamentalement mazaniya- ait signifié «relatif au *Mazan», le *Mazan étant le Maz («grand»), le chef des impies, que les Gāθā mentionnent. Si cette hypothèse devait être la bonne, les Mazaniya seraient les démons que génère la mauvaise opinion que le chef des impies a de Mazdā.

[146] Les Varaniya, comme le dit leur nom, sont les descendants du démon Varana (= védique *Úraṇa*) que la tradition postérieure assimile au mauvais Vāyu, mais qui, absent des textes avestiques conservés, reste assez énigmatique.

10.69.1. Il ne nous faut donc plus provoquer le tourbillon des armes et la colère[147] du roi (Miθra) de qui le millier de tourbillons (arrive toujours) à contrer les adversaires (que nous sommes),

10.69.2. (= 10.24.3) !

10.69.3-13. (= 10.4-6)

Chapitre XVIII

10.70.1. Nous offrons le sacrifice à Miθra Varugauyūti ... (= 10.7),

10.70.2. (à Miθra) du côté oriental de qui évolue Vr̥θragna Ahuradāta[148], sous la forme[149] du sanglier agressif aux dents pointues, verrat aux défenses pointues, capable de donner la mort d'un seul coup, de la furie duquel (l'adversaire) ne peut s'approcher, face mouchetée, valeureux,

10.70.3. pieds de métal, mains de métal, tendons de métal, queue de métal, mâchoires de métal,

10.71.1. (à Miθra) qui, à se jeter sur (l'ennemi) en tueur d'adversaires qu'il est, secondé qu'il est tout à la fois d'Āmanaha[150] et de Nariyā Hamvr̥ti, en frappeur qu'il est de leurs biens[151], extermine les adversaires —

10.71.2. Il ne pense même être de ceux qui frappent ni même ne croit avoir blessé aucun d'eux tant qu'il ne (leur) a pas

[147] Cf. 10.98.1.

[148] Cf. 14.15.1.

[149] Forme adoptée aussi par Upamāna en 10.127.2.

[150] Allégorie de la fougue guerrière et sexuelle.

[151] Stijan «qui frappe la sti». La sti «ensemble des biens» est constituée, d'une part, des biens matériels de l'individu que sont notamment ses troupeaux et, d'autre part, des biens immatériels au nombre desquels se comptent les âmes des bestiaux immolés et les mérites rituels dont l'âme-moi du défunt pourra se valoir devant ses juges. Ici, Miθra dépouille les impies ou leurs âmes de tout bénéfice rituel, les laisse démunis, sans défenses, à l'heure du jugement.

frappé le [152]cou «colonne de vie» ou le cou «source d'animation»[153] —,

10.72.1. (à Miθra) qui, d'un seul coup, ôte toute (substance) aux (suppôts des Daiva), qui, d'un seul coup, avec la terre mêle os et poils, moëlles et sangs[154] des mortels (suppôts des Daiva) qui nuisent à l'échange.

10.72.2-12. (= 10.4-6)

Chapitre XIX

[Fragment du mythe étiologique]

10.73.1. Nous offrons le sacrifice à Miθra Varugauyūti ... (= 10.7),

10.73.2. (à Miθra) qui, (non sans) d'abord (lui avoir rendu hommage) les bras levés, exposa (cette fois) devant Ahura Mazdā (la raison de) sa joie:

10.73.3. Ahura Mazdā, toi que je considère être le plus savant, toi qui situas le monde osseux, ô r̥tavan,

10.74. [155]comme les mortels m'offrent ce sacrifice dans lequel mention est faite de mes noms ainsi qu'ils le font pour

---

[152] Les deux cous seraient les deux parties plus étroites du corps, respectivement le cou et la ceinture.

[153] L'uštāna «ce qui relève du voulu, la faculté de se mouvoir, l'animation» (dérivé en ii. *-*Hna-* de ušta «voulu») est l'une des parties immatérielles de l'individu avec l'âme-moi (ruvan), l'engagement (fravr̥ti), la conscience religieuse (dainā) et la fonction des orifices ou sensibilité (baudah).

[154] Action étrange si le Vidēvdād n'a de cesse de dire que les substances corporelles peuvent contaminer la terre, l'eau et le feu, que les mazdéens, par exemple, doivent à tout prix éviter de jeter sur le sol les cheveux ou les ongles qu'ils se coupent, d'ensevelir leurs morts, de les incinérer ou de les abandonner au gré du courant de quelque rivière. Comment donc est-il possible qu'un dieu comme Miθra, gardien de la moralité, commette pareil crime de mêler poils et autres substances corporelles à la terre? Pour y répondre, il faut tenir compte du fait que les victimes de l'opération sont les démons et leurs suppôts: ils perdront leur terre.

[155] La traduction que je donne rétablit les choses, car les manuscrits répètent le texte de 10.55 sans l'adapter à la nouvelle situation.

les autres Yazata qui eux se voient honorés par les sacrifices comportant la mention de leurs noms, je puis (à présent) mettre en marche la durée du temps non découpé de ma propre vie qui est ensoleillée et immortelle pour surgir (= faire acte de présence, intervenir) <pour une seule nuit ou deux ou cinquante ou cent> du temps découpé,

10.75.1. (lorsque les mortels disent:) Puissions-nous bénéficier de la protection que tu offres des terroirs!

10.75.2. Puissions-nous ne pas avoir à quitter nos terres! Puissions-nous ne pas avoir à quitter notre maison! Puissions-nous ne pas avoir à quitter notre village! Puissions-nous ne pas avoir à quitter notre province! Puissions-nous ne pas avoir à quitter notre pays!

10.75.3. Pourvu que (Miθra) aux bras puissants ne nous enchaîne pas au lieu d'(enchaîner) les nuisibles[156]!

10.76.1. Toi, tu fracasses les maux qu'occasionnent ceux qui fomentent la nuisance et les (maux) que l'on voit chez les lésés. Mets en pièces ceux qui frappent les r̥tavan!

10.76.2. Tu as de bons chevaux et un bon aurige[157]. Ton opulence croît avec les oblations.

10.77.1. Puissé-je, (en disant) «Me voici notamment te demander aide!», (faire en sorte que Miθra) vienne notamment à notre aide! (Car) les libations ont été faites avec beaucoup de soin, de solennité et de présentation, avec toute la présentation requise.

10.77.2. (Puissé-je le faire, en disant «Me voici te demander aide et te demander la faveur) que nous vivions, avec ton aide, pour toujours dans la résidence du bien vivre, là où habite (Hauma) Br̥gmi[158]!»

---

[156] Ceci signifierait-il que Miθra, le cas échéant, agirait en faveur des impies, par exemple si nous ne remplissions pas nos obligations rituelles? Ceci pourrait donner raison à Plutarque qui situe Miθra à mi-chemin entre Ahura Mazdā et Ahra Manyu. Il est d'ailleurs vrai que 10.29 fait état d'un mauvais Miθra.

[157] L'aurige est la déesse Ārti d'après 10.68.1.

[158] Br̥gmi «celui qui salue ou respecte (Dainā)» doit être Hauma, l'âme-moi de l'adorateur représentée par Hauma ou l'un des dieux qui

10.78.1. Toi, Miθra Varugauyūti, tu protèges les nations qui s'efforcent de bien te traiter.

10.78.2. Toi, tu décimes les nations agressives.

10.78.3. Puissé-je, (en disant) «Me voici notamment te demander aide!», (faire en sorte que) vienne notamment à notre aide le (dieu) [159]puissant qui jamais ne chancèle, digne que l'honorent le sacrifice et le chant: Miθra, le riche maître des nations!

10.78.4-14. (= 10.4-6)

Chapitre XX

[Miθra protecteur de la maison]

10.79.1. Nous offrons le sacrifice à Miθra Varugauyūti ... (= 10.7),

10.79.2. (= 10.81.2) (à Miθra) qui a depuis toujours fixé sa résidence chez Rašnu, (autrement dit:) là où Rašnu, pour une longue association[160], (lui) présente comme de coutume[161] la (libation) avec ferveur,

10.80.1. (en disant:) [162]Toi tu es le protecteur de la résidence, le défenseur de ceux qui ne sont pas nuisibles. Toi tu es le protecteur de la communauté, le préservateur de ceux qui ne sont pas nuisibles.

---

symbolisent les attitudes et caractéristiques du bon rituel, que ce soient les Amṛta Spanta (voir 10.90.2) ou d'autres. On se souviendra que l'épouse du dieu védique *Bŕhaspáti*, le «maître du respect», se nomme *Dhénā*, un nom superposable étymologiquement à celui de Dainā. Dès lors, là où vit Bṛgmi, ce pourrait être la maison du pieux adorateur. En retour du respect qu'il lui manifeste, Dainā aime (√ kan, véd. *KAN*) Hauma, elle est haumacanah ; et la dainā, dans le fragment H 2.11.3 du Hādōxt Nask, déclare au ruvan qui arrive au paradis: «chacun (de nous les dieux) t'aimait pour les qualités que je trouve en toi: ta grandeur, ton excellence, ta beauté, ton parfum, la force que tu as de briser les obstacles et de répondre aux attaques démoniaques».

[159] Cf. 10.5.2.

[160] Cf. RS 1.123.8b.

[161] Avec les locutions «depuis toujours» et «comme de coutume», je rends ici l'indicatif parfait des deux verbes.

[162] Cf. RS 1.73.2b, 8.46.4c.

10.80.2. Puissé-je, sous ta protection, bénéficier donc de l'excellente association et de la force qu'Ahura (Mazdā) mit en place de briser les obstacles, (force) sous (les coups de) laquelle de nombreux mortels, pour être de ceux qui nuisent à l'échange, gisent frappés dans l'eau Vidušī[163]!

10.80.3-13. (= 10.4-6)

Chapitre XXI

[Miθra observateur du monde]

10.81.1. Nous offrons le sacrifice à Miθra Varugauyūti ... (= 10.7),

10.81.2. (= 10.79.2)

10.82.1. (à Miθra) observateur pour qui Ahura Mazdā produisit mille pouvoirs de purification[164], dix mille regards.

10.82.2. Car, avec de tels regards et de tels pouvoirs de purification, il peut voir le miθrazyā (= celui qui fait dévier l'échange ou qui prive Miθra de la portion oblatoire qui lui revient) et le miθradruj (= celui qui vicie l'échange).

10.82.3. Car, avec de tels regards et de tels pouvoirs de purification, Miθra ne peut être trompé,

10.82.4. (= 10.24.3) (Miθra,) opulent, omniscient et infaillible, au service de qui circulent dix mille espions.

10.82.5-15. (= 10.4-6)

Chapitre XXII

[Miθra qu'invoquent les cercles d'appartenance sociale]

10.83.1. Nous offrons le sacrifice à Miθra Varugauyūti ... (= 10.7),

---

[163] L'eau Vidušī «celle qui sait» (cf. V 4.54-55) est celle que prennent ceux qui prêtent serment, comme les dieux de l'Olympe celle de la Styx. Je n'écarte donc pas que l'eau Vidušī soit ici la rivière que, sur le chemin de l'au-delà, par la Cinvatpṛtu, le pont qui va de ce monde à l'autre, seules les âmes des pieux défunts parviennent à traverser sans y choir.

[164] Yaušti. Cf. 8.45.2.

10.83.2. (à Miθra) que le maître de la nation appelle à l'aide (non sans) d'abord (lui avoir rendu hommage) les bras levés;

10.83.3. (à Miθra) que le maître de la tribu appelle à l'aide (non sans) d'abord (lui avoir rendu hommage) les bras levés;

10.84.1. (à Miθra) que le maître du village appelle à l'aide (non sans) d'abord (lui avoir rendu hommage) les bras levés;

10.84.2. (à Miθra) que le maître de la maison appelle à l'aide (non sans) d'abord (lui avoir rendu hommage) les bras levés;

10.84.3. [165](à Miθra) que l'épouse fidèle qui n'a pas encore d'enfants appelle à l'aide (non sans) d'abord (lui avoir rendu hommage) les bras levés;

10.84.4. (à Miθra) que l'indigent[166] aussi, avec sa seule connaissance de l'harmonie[167] et en (ne) comptant (que) sur ses propres lois (= vivant en ermite [?]), appelle à l'aide (non sans) d'abord (lui avoir rendu hommage) les bras levés,

10.85. (l'indigent [?]) de qui la voix plaintive arrive là-haut parmi les lumières (= les astres) pour redescendre à la terre et s'(y) répandre sur les sept secteurs, à chaque fois élever la voix pour rendre hommage à la seule vache;

10.86.1. (à Miθra) que (le ruvan de) la vache emmenée captive, à souhaiter retrouver son étable, appelle à l'aide (non sans) d'abord (lui avoir rendu hommage) les bras levés[168]:

---

[165] Traduction conjecturale du fait de la corruption affectant plusieurs mots.

[166] Le drigu «le pauvre, l'indigent», étymon du «derviche», a-t-il Zaraduštra pour paradigme ?

[167] Cf. Pursišnīhā (recueil de fragments avestiques) 44.2b.

[168] «Les bras levés», voilà qui, dans le cas d'une vache, peut surprendre. C'est donc dans le but d'atténuer un peu la bizarrerie que, certes sans grande conviction (incité par le genre grammatical masc. de «emmenés» en 10.86.3), j'ai introduit la mention de son ruvan dans la phrase (quoiqu'il soit impossible de savoir à quoi ressemble l'âme-moi d'une vache).

10.86.2. [169]Quand le mâle Miθra Varugauyūti nous suivra-t-il (à la manière d'un bouvier) pour nous (ra)mener à l'étable?

10.86.3. [170]Quand nous fera-t-il revenir par le chemin de R̥ta[171] depuis l'antre de Druj où nous avons été emmenés[172] (captifs)?

10.87.1. Car Miθra Varugauyūti vient en aide à qui l'accueille chez soi.

10.87.2. Car Miθra Varugauyūti rase maison, village, province, pays ou empire de qui lui montre de l'hostilité.

10.87.3-13. (= 10.4-6)

Chapitre XXIII
[Miθra, Hauma et Dainā]

10.88.1. Nous offrons le sacrifice à Miθra Varugauyūti ... (= 10.7),

10.88.2. (à Miθra) à qui Hauma Fraxšmi[173], guérisseur, beau, les yeux jaunes, avec l'influence rituelle, offrit le sacrifice sur le plus haut sommet de la montagne Harā,

10.88.3. (sommet) connu sous le nom de Hukarya[174],

10.88.4. (Hauma) que rien ne pouvait altérer, à (Miθra) que rien ne pouvait altérer, recourant à la libation que rien ne pouvait altérer et aux paroles que rien ne pouvait altérer,

10.89.1. (Hauma) que le r̥tavan Ahura Mazdā s'installa comme zautar[175] en raison de la rapidité dans son exécution des

---

[169] Traduction conjecturale du fait d'incertitudes lexicales.

[170] Traduction conjecturale du fait d'incertitudes lexicales.

[171] Cf. e. g. RS 1.46.11b.

[172] «Emmenés (captifs)», au masculin en accord avec le texte et l'idée que c'est des ruvan des vaches et non des vaches telles quelles qu'il s'agit. Serait-il donc fait allusion à quelque processus incorrect d'immolation ayant entraîné les âmes-moi des vaches hors de l'harmonie, c'est-à-dire les ayant livrées à Druj, l'archidémone du dysfonctionnement rituel et cosmique?

[173] Dérivé en -mi- de √ fraxš (véd. *PRAKṢ*), signifiant «revigorant, rénovateur»? Cf. 9.17.1, 11a.18.2, 17.37.

[174] Hukarya doit signifier «(lieu) adéquat pour l'accomplissement de la cérémonie».

sacrifices[176] et de la hauteur du chant[177] qu'il (produisait entre les pierres du pressoir) —

10.89.2. Il offrit le sacrifice en zautar, rapide qu'il était à exécuter le sacrifice et capable qu'il était de hauteur dans le chant[, à voix haute[178], en zautar d'Ahura Mazdā, en zautar des Amr̥ta Spanta][179].

10.89.3. Sa voix, en arrivant là-haut parmi les lumières, se diffusait (tout aussi bien) sur tous les secteurs (de la Terre) qui sont sept —,

10.90.1. [180]lui qui, comme premier havanān[181], prépara les hauma (en les pressurant avec cette pierre-là qui n'était autre que le ciel) orné d'étoiles[182] et forgé par (Spanta) Manyu, sur (cette autre pierre qu'était) la haute montagne Harā —

10.90.2. [183]Ahura Mazdā et les (autres) Amr̥ta Spanta saluèrent (Dainā) pour son bon développement[184], elle de qui la forme <...> —.

10.90.3. (Nous offrons le sacrifice à Miθra) à qui le Soleil aux chevaux de course fait apprécier de loin l'hommage qu'il lui rend,

10.91.1. [Hommage à Miθra Varugauyūti qui a mille oreilles et dix mille yeux!][185]

---

[175] Le zautar «libateur» (= védique *hótr̥*) est l'officiant le plus important.

[176] Cf. RS 8.13.11c.

[177] Cf. RS 7.96.1a.

[178] Cf. RS 5.25.8b, 5.36.4b, 10.64.15c, 10.100.8c.

[179] Commentaire?

[180] Suite de 10.89.1, mais faut-il s'étonner que Hauma prépare les hauma?

[181] Le prêtre ouvrier chargé du pressurage de hauma. La situation est spéciale: dans cette cérémonie archétypique (et cosmogonique?), au cours de laquelle le ciel et la terre servent de pierres presseuses, Hauma offrit le hauma en sacrifice aux dieux: il s'immola donc lui-même.

[182] Cf. 10.14.3c, 13.3.1b, Y 9.26.1c, RS 1.68.10d, 6.49.3b.

[183] Parenthèse incomplète.

[184] Une jeune fille de quinze ans, pubère ou même enceinte.

10.91.2. (= Y 62.1.3) (en lui disant:) Tu es digne d'être honoré du sacrifice et du chant. Puisses-tu être (considéré comme) digne d'être honoré du sacrifice et du chant dans les maisons des mortels!

10.91.3. (= Y 62.1.4) Puisse (toute chose) être au goût de l'homme qui n'hésitera pas[186] à t'offrir le sacrifice bûche en main, barsman en main, (pot de) lait en main (ou: tirant une vache), équipé des ustensiles du pressurage,

10.91.4 [187]en gardant les mains propres, les ustensiles du pressurage propres, dès que le barsman aura été présenté, que le hauma aura été préparé<, que le feu aura été allumé> ou que la récitation de l'Ahuna Variya[188] aura été entonnée!

10.92.1. (= 11a.23.2) Optèrent pour cette Dainā le r̥tavan [189]Ahura Mazdā, Vahu Manah, R̥ta Vahišta, Xšaθra Variya, Spantā Aramati, Harvatāt et Amr̥tatāt —

---

[185] Incise diascévastique du même type que celle que nous trouvons par exemple dans le Y 10.17.

[186] «N'hésitera pas à»: cet auxiliaire me sert à rendre *bāδa*, la particule du ponctuel, ancêtre du pehlevi be (*BRA*).

[187] Cf. Āfrīnagān («Bénédictions», textes avestiques) 4.5.2.

[188] Ahuna Variya «(texte) dont l'incipit contient les mots ahū "avec l'existence" et variyah "(l'opinion est) à adopter"»: nom donné à la strophe vieil-avestique isolée du Y 27.13, la plus vénérée de tout le corpus, dont le texte est cité en 10.146.2.

[189] Énumération canonique des Amr̥ta Spanta. La liste des sept Amr̥ta Spanta apparaît avec un ordre fixe. À l'exception des deux derniers, qui sont deux déesses jumelles, ils portent, comme beaucoup d'autres dieux, un nom combinant un substantif et un adjectif. Le premier est évidemment Ahura Mazdā «roi source de sagesse», le dieu suprême qui relève de toutes les catégories divines. Ensuite, nous trouvons trois Amr̥ta Spanta de genre grammatical neutre: Vahu Manah «la bonne pensée», sans connotation morale — Il est le premier des trois niveaux du comportement rituel de l'adorateur, les deux autres étant la parole bonne et le geste bon, indispensables pour que soit correctement accomplie la cérémonie sacrificielle —; R̥ta Vahišta «agencement excellent», l'harmonie ou imbrication correcte entre elles des différentes composantes de la cérémonie sacrificielle, attitudes, ingrédients des offrandes, textes ou séquences du rite, une harmonie que reflète le monde

10.92.2. Les Amr̥ta Spanta optèrent pour le respect que le (grand dieu Ahura Mazdā) avait envers Dainā.

10.92.3. L'industrieux Mazdā la chargea d'être le modèle[190] du monde (en lui disant:)

10.92.4. [191]Ceux qui, parmi les dāman[192], te regarderont, (ô Dainā,) comme l'état d'être[193] et le modèle du monde, (ceux-là) seront, parmi les dāman, les meilleurs purificateurs —,

10.93.1. (= 11a.24.1) <pour cette Dainā opta> (la déesse) Ādā[194], pour les deux existences[195](, en disant:)

---

cosmique ordonné; Xšaθra Variya «le pouvoir d'influer sur les dieux, l'influence qu'il convient d'exercer sur eux», un pouvoir que les dieux eux-mêmes permettent à l'adorateur pieux d'avoir sur eux et qui leur donne les moyens d'exaucer les souhaits de ce dernier. Les trois derniers Amr̥ta Spanta de la liste sont des déesses, portant des noms de genre grammatical féminin: Spantā Aramati «la savante déférence», qui représente la déférence que le pieux adorateur, avec sagesse, montre surtout envers Ahura Mazdā et qui, à être présente en chaque bon adorateur humain, en vint à se confondre avec la déesse Terre; les jumelles Harvatāt et Amr̥tatāt «intégrité/intégralité» et «immortalité», le caractère complet et exhaustif de la cérémonie dans laquelle rien n'a été négligé qui préfigure aussi l'arrivée saine et sauve de l'âme-moi dans l'autre monde, son intégrité dans la maison d'Ahura Mazdā, et l'immortalité que la cérémonie comporte du fait de la présence du hauma, ingrédient phare des libations offertes à la divinité et breuvage d'immortalité.

[190] Le ratu gaiθānām «modèle du monde» est la possibilité que les êtres vivants ont de refléter l'harmonie. La religion mazdéenne, à dire quelles sont les règles de la conduite que les êtres auront à adopter, constitue cette possibilité.

[191] Traduction conjecturale du fait des multiples anomalies grammaticales.

[192] Les dieux?

[193] La conduite dont l'adoption est recommandée par la religion mazdéenne se confond ou s'identifie avec une certaine ritualisation de l'existence ou avec l'accomplissement des rites prescrits dont l'ensemble reçoit le nom de ahu «état d'être, existence (fondamentale)».

[194] Allégorie de l'action de disposer les offrandes sur l'aire sacrificielle. Traduction conjecturale du fait des incertitudes manuscrites.

10.93.2. [196]Puisses-tu, dans les deux existences, nous défendre, ô Miθra Varugauyūti, (pour les deux existences) que sont l'existence osseuse et celle de la pensée, (contre les démons que voici:) contre le drugvant Marka[197] («la destruction»), contre le drugvant Išma[198] («la colère»), contre les drugvatī Hainiyā[199] qui, à l'instigation d'Išma, arborent une sanglante bannière, elles que, plein de mauvaises intentions, Išma induit en erreur / pousse à courir avec Vidātu («la dislocation») que les Daiva mirent en place[200].

10.94.1. (= 10.114.1) [201]Alors, toi, Miθra Varugauyūti, puisses-tu conférer l'accélération à nos attelages, la santé à nos personnes, (nous assurer) bonne garde contre les agresseurs, la déroute de ceux qui, professant une mauvaise opinion et restant sans observance, sont de nuisibles adversaires ainsi que leur écrasement!

10.94.2-12. (= 10.4-6)

---

[195] D'une part, l'existence fondamentale, qui relève de la pensée et préfigure l'excellente existence dont jouira l'âme dans l'au-delà, et, d'autre part, l'existence profane, dérivée de la première. Autrement dit, pour ainsi dire: l'autre monde et celui-ci.

[196] Cf. 11a.24.2.

[197] Marka, le démon de la mort, sans doute n'est-il qu'une hypostase de l'archidémon Ahra Manyu. Celui-ci reçoit en effet l'épithète de parumarka «coupable de nombreuses destructions». La destruction à laquelle allusion est faite est surtout celle de l'existence rituelle puisque l'existence profane n'en est jamais vue que comme une dérivée: détruire le rite qui la structure ou organise, c'est à terme détruire la vie.

[198] Origine de l'Asmodée biblique, le Daiva Išma, comme adversaire attitré de Srauša, doit représenter la mauvaise déclamation de paroles sacrées.

[199] Les Fravr̥ti négatives. Leur qualification de drugvatī est la forme féminine de drugvant.

[200] Ou : «que le Daiva (Ahra Manyu) mit en place». Vidātu ou, de son nom plus complet, Astah-vidātu «dislocation de l'ossature» est, avec Išma, le mauvais Vāyu et les mauvais jumeaux (*pl'zyšt* et $^{\times}$*nyzyšt*), sait-on par le Dādestān ī Mēnōg ī Xrad 2.110, l'un des démons qui cherchent à attaquer l'âme-moi sur le chemin de l'au-delà.

[201] Cf. 10.11.2.

[Chapitres XXIV-XXV (10.95-101) : Miθra purificateur, porteur du vazra et adversaire des Daiva]

Chapitre XXIV

10.95.1. Nous offrons le sacrifice à Miθra Varugauyūti ... (= 10.7),

10.95.2. (à Miθra) qui, avec la même largeur que la terre[202], attaque (les Daiva) après le coucher du Soleil, frotte pour en enlever les impuretés les deux côtés de cette terre sillonnée de chemins[203], au relief accidenté et aux confins éloignés, et qui contemple tout ce qu'il y a entre terre et ciel;

10.96.1. (à Miθra) qui, des mains, brandit le foudre[204]

10.96.2. aux centaines de bosses et aspérités, facile à faire virevolter, ...[205], (foudre) coulé de ce métal jaune (appelé) «or impétueux»[206], la plus offensive des armes et la plus défensive des armes;

[207]10.97.1. (à Miθra) que craint Ahra Manyu coupable de nombreuses destructions;

10.97.2. (à Miθra) que craint, plein de mauvaises intentions, Išma au corps condamné[208];

10.97.3. (à Miθra) que craint Bušyanstā[209] aux longues sales mains;

---

[202] Cf. 10.44.2; RS 3.59.7 «*Mitrá* qui, par sa grandeur et sa largeur, comprend ciel et terre comme le disent les hymnes».

[203] Ou: «de cette large terre».

[204] Armé du foudre (vazra), Miθra est comparable au grand dieu védique *Índra* fréquemment qualifié de *vajrín* «possesseur du foudre», *vájrahasta* «qui a le foudre en mains», *vájrabāhu* «qui a le foudre à bouts de bras», etc. Voir ci-dessous 10.132.1.

[205] Mot de sens inconnu. Lire viranavant «qui apporte la déconvenue (aux Daiva)» ? Probable antonyme de l'hapax legomenon védique *áviraṇa*, lequel est de sens incertain (RS 1.174.8b).

[206] Le cuivre, le bronze ?

[207] Cf. 10.134-135.

[208] À la fin des temps, l'âme-moi du démon perdra tout support corporel.

10.97.4. (= 10.68.3, 10.99.2) (à Miθra) que craignent tous les Daiva Mānyava et tous les drugvant Varaniya, (démons que voici dire ceci:)

10.98.1. Puissions-nous échapper au tourbillon que Miθra Varugauyūti, à être irrité, imprime (à ses armes)!

10.98.2. Puisses-tu ni être irrité ni nous frapper, ô Miθra Varugauyūti!

10.98.3. Le plus puissant des Yazata, le plus valeureux des Yazata, le plus soigneux des Yazata, le plus rapide des Yazata, le plus à même parmi les Yazata de briser les obstacles au moyen de R̥ta[210], Miθra Varugauyūti surgit sur cette terre.

10.98.4-14. (= 10.4-6)

Chapitre XXV

10.99.1. Nous offrons le sacrifice à Miθra Varugauyūti ... (= 10.7),

10.99.2. (= 10.68.3, 10.97.4) (à Miθra) que craignent tous les Daiva Mānyava et tous les drugvant Varaniya.

10.99.3. Maître des nations, Miθra Varugauyūti s'approche du côté méridional de cette terre sillonnée de chemins[211], au relief accidenté et aux confins éloignés.

10.100. [212]Sur sa droite évolue le dieu pieux Srauša; sur sa gauche[213] évolue le haut et impétueux Rašnu; sur tous ses côtés évoluent les eaux, les végétaux[214] et les Fravr̥ti des r̥tavan.

---

[209] «Qualité de ce qui sera ou qui ne reste qu'à l'état de projet», diablesse du retard et de la paresse, forme d'aurore négative. La personnification en diablesse est à l'origine de la modification générique de ce substantif abstrait du neutre en féminin.

[210] Ici désigne plutôt le texte du Y 27.14 que l'Amr̥ta Spanta du même nom.

[211] Ou: «de cette large terre».

[212] Cf. 1.9.2.

[213] Ceci contraste avec 10.126.1.

[214] Les allégories du monde liquide et du règne végétal. La première abreuve les êtres et la seconde les nourrit.

10.101.1. [215]Grâce à l'influence que le rite exerce sur lui, le voici leur apporter avec régularité des flèches à plumes d'aigle[216].

10.101.2. Alors, à passer en volant à côté des nations soumises au pouvoir des successeurs d'Abimiθra[217], il assène le premier sa massue sur le cheval et le héros[218].

10.101.3. Tueur du cheval et du héros, il terrorise l'un et l'autre, qui en sont terrorisés au même instant.

10.101.4-14. (= 10.4-6)

[Chapitre XXVI et début du chap. XXVII (10.102-107) : Miθra qui surveille le monde]

Chapitre XXVI

10.102.1. Nous offrons le sacrifice à Miθra Varugauyūti ... (= 10.7),

10.102.2. (à Miθra) qui, avec ses chevaux rosâtres[219] et son javelot pointu, atteint au loin, qui, tirant de vibrantes

---

[215] Si elle est bien à ordonner avec la précédente, cette phrase paraît signifier que Miθra est en quelque sorte le dieu qui fournit en armes diverses divinités. Peut-être est-ce une façon d'exprimer que, parmi celles-ci, Srauša et Rašnu notamment ne sont jamais que des hypostases de Miθra ou plus exactement deux des facettes de ce dieu que la focalisation dont elles peuvent faire l'objet convertit en individualités ou figures divines supplémentaires. Je fais ainsi l'hypothèse que la seule mention des flèches vaut pour l'ensemble des armes que Miθra et les autres dieux mentionnés ont l'habitude de manier. Remarquons à ce propos la récurrence de la mention des flèches tout au long du Catalogue que les §§ 10.128-132 dressent des armes de Miθra comme si la flèche constituait le paradigme de toutes les armes, aussi bien de l'épée que de la pierre de fronde par exemples.

[216] Cf. 10.39.1a, RS 10.18.4b.

[217] Abimiθra (cf. 10.20.2) et ses successeurs ou descendants, les abimiθrāna, sont du côté négatif ce que Zaraduštra et les zaraduštratama sont du positif.

[218] Cf. RS 9.63.18b, 10.47.5a. Le suiveur (vīra) et gardien de troupeaux, le cow-boy, forme une paire indissociable avec son cheval. Leur importance pour l'économie et dans une société d'éleveurs fait d'eux ici l'essentiel des nations.

flèches, pique bien au delà (de ...)[220], qui, guerrier monté sur un char, fait montre de ce dont il est capable;

10.103.1. (à Miθra) qu'Ahura Mazdā, à lui en donner la propriété[221], chargea de garder et surveiller le monde[222] (osseux);

10.103.2. (= 11.10.3, 11a.14.3) (à Miθra), garde et surveillant du monde (osseux) pour en être le propriétaire;

10.103.3. (= 11.11.1, 11a.15.1) (à Miθra) qui, sans jamais céder au sommeil, toujours en éveil, défend les dāman de Mazdā; qui, sans jamais céder au sommeil, toujours en éveil, préserve les dāman de Mazdā.

10.103.4-14. (= 10.4-6)

Chapitre XXVII

10.104.1. Nous offrons le sacrifice à Miθra Varugauyūti ... (= 10.7),

10.104.2. (à Miθra) qui, de ses longs bras, saisit ceux qui recourent à la parole mauvaise, [223]qu'ils se trouvent à l'est, au bord de l'Indus [il prend][224], ou à l'ouest, en pays soumis, qu'ils se trouvent sur la berge de la Rahā (qui fait le tour de la terre) ou au centre de la terre.

10.105.1. [225]Si Miθra, à se proposer de le saisir, l'atteint de ses bras (pour l'enlever) hors de (l'horizon), (l'impie),

---

[219] Cf. e. g. RS 5.59.5a.

[220] Cf. 17.12.1.

[221] Traduction conjecturale en lisant ici frabum (védique *prabhú-* «éminent, souverain, propriétaire») et, dans la phrase suivante, frabuš.

[222] La vispā gaiθā, l'ensemble physique des êtres vivants.

[223] Cf. 11a.28.3. Ceci fait-il allusion à quelque empire mède que l'Histoire ignore?

[224] Cette interpolation que la métrique dénonce vise dans l'esprit du diascévaste scolaire à résoudre l'absence de verbe que montrent les subordonnées puisque «se trouvent», comme il est grammaticalement normal, ne s'y exprime pas.

[225] Traduction conjecturale du fait des sous-entendus et des imprécisions morphologiques grevant la finale de certains mots.

dépourvu du hvarnah pour avoir abandonné le (chemin) le plus droit, connaît une existence malheureuse.

10.105.2. Dépourvu du hvarnah, (l'impie) croit à tort[226]

10.105.3. que Miθra ne voit sur la terre ni tout le mal qui a été fait ni tout ce qui a été corrompu.

10.106.1. Pour ma part, j'ai la ferme conviction

10.106.2. que le mortel, pour être un gaiθiya (= un être de ce monde matériel)[227], ne pense pensée mauvaise dont le pouvoir soit supérieur à celui de la pensée bonne que le Mānyava Miθra puisse penser;

10.106.3. (j'ai la ferme conviction) que le mortel, pour être un gaiθiya, ne dit parole mauvaise dont le pouvoir soit supérieur à celui de la parole bonne que le Mānyava Miθra puisse dire;

10.106.4. (j'ai la ferme conviction) que le mortel, pour être un gaiθiya, n'exécute geste mauvais dont le pouvoir soit supérieur à celui du geste bon que le Mānyava Miθra puisse exécuter ;

10.107.1. (j'ai la ferme conviction) que le mortel, pour être un gaiθiya, ne peut jouir d'une intelligence innée plus grande que celle dont jouit le Mānyava Miθra[228];

10.107.2. (j'ai la ferme conviction) que les oreilles du mortel, pour être celles d'un gaiθiya, ne peuvent jouir d'une meilleure acuité que celles du Mānyava Miθra qui, avec dix mille pouvoirs de purification, de se tenir à l'écoute, <repère sans difficulté tous ceux qui font du mal>.

10.107.3. <(j'ai la ferme conviction) que les yeux du mortel, pour être ceux d'un gaiθiya, ne jouissent d'une meilleure acuité que ceux du Mānyava Miθra qui, avec dix mille pouvoirs de purification, de se tenir aux aguets>, repère sans difficulté tous ceux qui font du mal.

---

[226] La locution «à tort» me sert à rendre le daivisme de l'expression iθā manyatai.

[227] Opposition de gaiθiya et mānyava.

[228] Car Miθra est l'échange sacrificiel lui-même.

10.107.4. [229]Avec la force offensive surgit Miθra; avec le (char) puissant de Xšaθra[230] circule (Miθra); (Miθra), de ses yeux dont l'acuité atteint au loin, contemple les beaux dāman.

[Fin du chap. XXVII (10.108-111) : Fragment du mythe étiologique]

10.108.1. (Miθra dit:) [231]Qui va m'offrir le sacrifice? Qui va chercher à me léser? Qui (m'offrir le sacrifice) avec d'exemplaires (libations)? Qui (me léser) avec des (libations) dépourvues de solennité? [232]Pour sûr, (selon qu')il me considère digne (ou non) d'être honoré du sacrifice.

10.108.2. À qui vais-je, avec le pouvoir que me confère le rite qu'il accomplit[233], accorder la richesse, le hvarnah et la fermeté du corps? À qui vais-je, avec le pouvoir que me confère le rite qu'il accomplit, impartir la doctrine sacrificielle source de nombreux bien-êtres[234]?

10.108.3. De qui vais-je faire grandir [235]la noble capacité de procréation d'une bonne descendance?

10.109.1. À quel dirigeant chargé d'exercer l'influence rituelle régulière (sur les dieux)[236], ūrva qui frappe la sale tête

---

[229] Traduction conjecturale du fait des anomalies grammaticales affectant plusieurs mots.

[230] Sans doute ce char est-il métallique si c'est le xšaθra qui le lui fournit: l'Amṛta Spanta qui représente ce xšaθra, l'influence que le rituel arrive à exercer sur les dieux en faveur des pieux adorateurs, est aussi le patron des métaux.

[231] Cf. 8.15.2a, RS 6.47.15a.

[232] Littéralement : «car il pense que je suis un Yazata». Cf. RS 8.6.4a.

[233] Ou: «moi qui en suis capable» (cf. 14.47.3). Sans le culte qui leur est rendu, les dieux ne peuvent rien pour les mortels.

[234] La mise en pratique de bonnes connaissances de la technique rituelle garantit que le sacrifice sera fructueux.

[235] La frazānti est aussi et surtout la capacité que, dans l'au-delà, le ruvan possède avec la dainā d'engendrer un saušyant.

[236] Sāstar hāma-xšaθra. Le dirigeant, que ce soit celui de la nation, c'est-à-dire le roi, ou que ce soit celui d'un autre cercle d'appartenance sociale, joue un rôle religieux: non exactement celui d'intermédiaire entre les

(des Daiva), vainqueur invincible, vais-je, sans qu'il s'y attende, permettre l'exercice de l'excellente et puissante influence (sur moi) et accorder d'être tout à fait prêt avec une armée nombreuse?

10.109.2. (Nous offrons le sacrifice à Miθra) qui fixe quel doit être le châtiment à infliger. Il est immédiatement infligé lorsqu'il le fixe sous l'emprise de la colère.

10.109.3. Même s'il lui a montré de l'hostilité et qu'il n'ait aucune attention pour lui, la (récitation du) Miθra (= le Mihr Yašt) sert (au dirigeant) à apaiser la pensée de Miθra, ...[237].

10.110.1. (Miθra dit:) [238]À qui (vais-je réserver) la maladie et la destruction? À qui vais-je, avec le pouvoir que me confère le rite qu'il accomplit, réserver la carence et le malaise?

10.110.2. De qui vais-je, d'un coup instantané, supprimer la noble capacité de procréation?

10.111.1. [239]À quel <tyran ...> [dirigeant chargé d'exercer l'influence rituelle régulière (sur les dieux), ūrva qui frappe la sale tête (des Daiva), vainqueur invincible,] vais-je, sans qu'il s'y attende, empêcher d'exercer sur moi l'excellente et puissante influence rituelle et d'être prêt avec une armée nombreuse?

10.111.2. (Nous offrons le sacrifice à Miθra) qui fixe quel doit être le châtiment à infliger. Il est immédiatement infligé lorsqu'il le fixe sous l'emprise de la colère.

10.111.4. Même s'il a eu pour lui des attentions et qu'il ne lui ait montré aucune hostilité, la (récitation du) Miθra (= le

---

dieux et ses sujets, mais bien plutôt d'organisateur de l'activité religieuse. Les célébrations solennelles ou officielles, telles les fêtes de saison, offrent un cadre qui conditionne la validité de la pratique religieuse des sujets (cf. 5.86.1, 13.18).

[237] Que signifie donc huxšnutim pati miθrahya ?

[238] Cf. 14.47.3.

[239] Traduction conjecturale : la teneur de ce paragraphe doit avoir été corrompue sous l'influence de 10.109.1.

Mihr Yašt) ne sert (au tyran) qu'à irriter la pensée de Miθra, ...[240].

10.111.5-15. (= 10.4-6)

Chapitre XXVIII

[Miθra guerrier]

10.112.1. Nous offrons le sacrifice à Miθra Varugauyūti ... (= 10.7),

10.112.2. (à Miθra) à la tiare d'argent et à la cuirasse d'or, qui mène avec le fouet, impétueux, valeureux, guerrier large d'épaules.

10.112.3. [241]Admirables sont les routes que Miθra emprunte pour sillonner les pays, pour autant que (le maître de pays) le traite bien traité; amples et profondes, les prairies.

10.112.4. Car le bétail et le héros[242] y vivent en exerçant (sur les dieux) toute l'influence qu'ils souhaitent.

10.113.1. Alors, que nous viennent en aide les rois Miθra et Bṛ̥zant[243]!

10.113.2. Chaque fois que le fouet haussera la voix et que les naseaux des chevaux frémiront, que les sangles des fouets trembleront, que les lances pointues troueront, alors, (si les deux rois nous viennent en aide,) les rejetons (de l'impie), frappés pour avoir d'épaisses[244] libations à offrir, chemineront les poils hérissés (de terreur) —

10.114.1. (= 10.94.1) Alors, toi Miθra Varugauyūti, puisses-tu conférer l'accélération à nos attelages, la santé à nos personnes, (nous assurer) bonne garde contre les agresseurs, la déroute de ceux qui, professant une mauvaise opinion et restant

---

240 Que signifie donc axšnutim pati miθrahya ?

241 Traduction conjecturale du fait de diverses incohérences grammaticales.

242 Le bétail et le vīra qui suit les troupeaux, s'en occupe et les défend face aux entreprises de l'ennemi.

243 Le dieu roi Bṛ̥zant, petit-fils des Rivières (= védique *Apā́ṁ Nápāt*), assimilé à la source du Tigre, est un dieu mal connu malgré les travaux des comparatistes qui le rapproche du Neptune romain. Voir 10.145.1.

244 = mal filtrées ?

sans observance, sont de nuisibles adversaires ainsi que leur écrasement! —

10.114.2-12. (= 10.4-6)

Chapitre XXIX

[Miθra autorité religieuse des cercles d'appartenance sociale]

10.115.1. Nous offrons le sacrifice à Miθra Varugauyūti ... (= 10.7),

10.115.2. (et nous lui disons:) Toi, Miθra Varugauyūti, qui es le ratu[245] dmāniya (= officiant de la maison), qui es le ratu visiya (= officiant du village), qui es le ratu zantuma (= officiant de la région), qui es le ratu dahyuma (= officiant du pays), qui es le ratu zaraduštratama (= officiant du niveau suprême, dernier successeur de Zaraduštra), (viens)! —

[La valeur du Mihr Yašt (?)]

10.116. Le miθra (= l'échange[246]) s'accompagne de (= a la valeur de [?]) vingt ans de vie entre deux amis qui s'épaulent l'un l'autre, de trente ans de vie entre deux voisins, de quarante entre deux associés, de cinquante entre les deux femmes d'un même mari, de soixante entre condisciples, de septante entre maître et élève, de huitante entre gendre et beau-père, de nonante entre frères.

10.117.1. Le miθra s'accompagne de cent ans de vie entre père et fils, de mille ans de vie entre deux nations, de dix mille ans de vie (entre ...) —;

10.117.2. [247](nous offrons le sacrifice à Miθra) qui est accompagné de l'aide de la force offensive de Dainā Māzdayasni et de celle de sa force de briser les obstacles —

---

[245] Ces officiants reçoivent le titre de ratu «facteur d'harmonie» en raison de l'organigramme ou schéma pyramidal qu'ils configurent dans lequel les différentes fonctions peuvent s'ajuster à la perfection, sans empiéter l'une sur l'autre.

[246] Ou: «La récitation du Mihr Yašt».

[247] Traduction très conjecturale du fait de graves incertitudes morphologiques.

10.118.1. (Miθra dit:) Je vais arriver grâce à l'hommage qui m'est rendu en bas et grâce à celui qui m'est rendu en haut[248]. Comme le splendide Soleil, de ses rayons, au delà de la haute (montagne) Harā, arrive et accomplit sa course, de même moi, ô descendant de Spitāma, je vais arriver au delà de ... [249] du drugvant Ahra Manyu grâce à l'hommage qui m'est rendu en bas et grâce à celui qui m'est rendu en haut! —

10.118.2-12. (= 10.4-6)

Chapitre XXX

[Fragment de la version juridique]

10.119.1. Nous offrons le sacrifice à Miθra Varugauyūti ... (= 10.7).

10.119.2. (Ahura Mazdā dit à Zaraduštra:) Il convient que toi, le descendant de Spitāma, tu offres le sacrifice à Miθra et que tu (forme)s des élèves (à réciter le texte sacrificiel en son honneur), en le leur récitant.

10.119.3. [250](Ahura Mazdā répondit à Miθra qui était venu lui exposer ses griefs:) Les mazdéens t'offriront le sacrifice en immolant comme victimes [deux têtes de gros bétail][251] deux oiseaux empennés, qui, de leurs ailes, (te) serviront d'animaux de trait.

10.120.1. [252]Chacun des mazdéens r̥tavan doit rechercher et glorifier Miθra.

10.120.2. [253]Le hauma (qui convienne) est celui que (les mazdéens lui) annoncent et proposent.

---

[248] Ceci fait-il allusion aux hommages que rendent à Miθra tant les hommes que les dieux?

[249] Le mot «les approbations», présent ici dans les manuscrits, qui paraît mal convenir au contexte, doit être le résultat de la corruption d'un autre que je ne puis identifier.

[250] Ceci paraît repris au mythe étiologique.

[251] Interpolation probable.

[252] Traduction conjecturale du fait de l'absence apparente du verbe ou du caractère corrompu du passage.

[253] Traduction conjecturale du fait de la concision.

10.120.3. [254](Parmi celles) que le zautar annonce et consacre (pour Miθra), l'homme ṛtavan (ne) boit (que) la libation adéquate.

10.120.4. [255](Car) Miθra Varugauyūti qui (n')agit (que) si le sacrifice lui est offert doit être satisfait et non jamais contrarié.

10.121.1. (= 8.57.1) À ce sujet, Zaraduštra lui fit cette question:

10.121.2. Comment, Ahura Mazdā, doit être l'homme ṛtavan pour boire la libation adéquate

10.121.3. (= 10.120.4) (si) Miθra Varugauyūti qui (n')agit (que) si le sacrifice lui est offert doit être satisfait et non jamais contrarié?

10.122.1. (= 8.58.1) Alors Ahura Mazdā dit:

10.122.2. (Les mazdéens) (lui) feront se laver le corps durant trois jours et trois nuits, (lui) feront expier avec trente pénitences pour qu'il puisse offrir et chanter le sacrifice en l'honneur de Miθra Varugauyūti,

10.122.3. (lui) feront se laver le corps durant deux jours et deux nuits, (lui) feront expier avec vingt[256] pénitences pour qu'il puisse offrir et chanter le sacrifice en l'honneur de Miθra Varugauyūti.

10.122.4. (Miθra dit:) Que personne qui ne soit expert en (cette partie du) Vispai Ratavah[257] qui correspond aux Stauta

---

[254] Traduction conjecturale du fait de l'absence d'antécédent exprimé pour la subordonnée relative «(parmi) les (libations) que ...». Les mentions du zautar et du ṛtavan doivent correspondre à celles qu'en fait la version dialoguée de l'Ahuna Variya (voir 8.0.19 = 10.0.19).

[255] Traduction conjecturale du fait de la construction en ciseaux que le texte fait des deux subordonnées.

[256] S'agit-il d'opérations consécutives à celles de 10.122.2 ou constituent-elles une alternative donnée sur base de critères inexprimés?

[257] «Tous les ratu», nom avestique du Visprad, partie du Récitatif de la liturgie longue.

Yasniya[258] (= Que personne qui ne soit capable de célébrer la liturgie longue) ne consomme ces miennes libations!

10.122.5-15. (= 10.4-6)

Chapitre XXXI

[Ahura Mazdā et Miθra]

10.123.1. Nous offrons le sacrifice à Miθra Varugauyūti ... (= 10.7),

10.123.2. (à Miθra) à qui Ahura Mazdā offrit le sacrifice dans le lumineux Garah Dmāna.

[Le cortège, les chevaux et le char de Miθra]

10.124. Avec les bras dispos, Miθra Varugauyūti [259]redevient indestructible à regagner le lumineux Garah Dmāna, [260]en utilisateur qu'il est pour descendre (en ce monde) du beau char de compétition aux multiples ornements, tout en or.

10.125.1. Quatre[261] coursiers blancs de couleur unie (le) tirent sur ce char, qui ont une nourriture de mānyava[262] et sont à l'abri de toute destruction par le feu.

10.125.2. [263]Leurs sabots antérieurs sont couverts d'or; les postérieurs, d'argent.

10.125.3. Et tous sont harnachés et attelés au timon au moyen des chevilles et de la courroie attachée au crochet Xšaθra Variya[264] qui est de bonne facture et est bien fiché.

---

[258] «Textes des éloges appartenant aux sacrifices», nom avestique du noyau du Yasna où l'on trouve les Gāθā.

[259] Traduction conjecturale du fait de la finale ablative, sans doute artificielle, qu'arbore le complément «le Garah Dmāna» que régit le verbe, mais l'artifice affectait déjà la phrase précédente où l'on ne pouvait avoir à mes yeux aucun doute sur sa réalité.

[260] Traduction conjecturale du fait d'incertitudes morphologiques.

[261] Le paragraphe 10.136.2 parle de deux chevaux rosâtres.

[262] Ou : «qui se nourrissent de l'opinion (que les mazdéens se font de Mazdā)». L'attelage du Mānyava Miθra est tout aussi spéculatif que le dieu lui-même (cf. 10.68.2).

[263] Cf. 11a.26.3.

10.126.1. Tandis que sur sa droite[265] évolue le très rectiligne et très savant Rašnu, qui le mieux arrête (le char des démons)[266], et que sur sa gauche évolue la très rectiligne et harmonieuse Cistā[267], qui apporte les libations,

10.126.2. de blanc vêtue, blanche, image[268] de la religion mazdéenne,

10.127.1. le vaillant Upamāna[269] de Dāmi s'approche en char,

10.127.2. sous la forme[270] du sanglier agressif aux dents pointues, verrat aux défenses pointues, capable de donner la mort d'un seul coup, de la furie duquel (l'adversaire) ne peut s'approcher, face mouchetée, valeureux, combatif, qui harcèle (son adversaire),

10.127.3. [271]et se tiennent au-dessous de lui Ātr̥[272], que l'on vient d'allumer, (et) le puissant Kāvya Hvarnah[273].

---

[264] Le crochet appelé du nom de Xšaθra Variya, l'Amr̥ta Spanta patron des métaux, doit être métallique.

[265] Contraste avec 10.100.

[266] Épithète de sens controversé: uparaudišta.

[267] Honorée le 24e jour du mois en compagnie de Dainā, la déesse Cistā «celle que (les dieux) ont détectée» est une sorte de *sophia* mazdéenne.

[268] Les mots «Image de la religion mazdéenne» traduisent la séquence upamānam dainājāh māzdayasnaiš. Dans le syntagme «Upamāna de Dāmi», avec lequel l'Avesta désigne l'un des Yazata, le génitif doit être subjectif: «l'image donnée ou indiquée par Dāmi (= par Mazdā)», tandis que, dans «upamāna de Dainā», le génitif a une autre valeur: il désigne le terme avec quoi la comparaison s'établit.

[269] Le genre grammatical masculin provient de la personnification. Il n'est pas exclu que cette ligne soit une interpolation diascévastique due à la présence de upamāna nt. dans la ligne précédente. Sur ce Yazata énigmatique, voir aussi les notes concernant 10.66.1 et 10.68.2.

[270] Comme c'est aussi la forme adoptée par Vr̥θragna en 10.70.2 et en 14.15.1 et que la présence d'Upamāna dans la phrase pourrait être secondaire (voir note précédente), il est bien difficile d'apprécier la portée ou l'autorité du passage.

[271] Traduction conjecturale du fait de l'incertitude qui entoure le syntagme «se tiennent au-dessous de lui» et du manque de coordination entre les

[Catalogue des armes de Miθra]

10.128.1. Dans son char Miθra Varugauyūti disposé de mille arcs — Il y a une corde de tendon de cerf — bien faits.

10.128.2. (Ses flèches,) soumises à la volonté de (Spanta) Manyu[274], volent; soumises à la volonté de (Spanta) Manyu, elles tombent sur la sale tête des Daiva.

10.129.1. Dans son char Miθra Varugauyūti dispose de mille flèches à plumes de vautour, à bec (= pointe) d'or et crochet d'os — Il y a une barbe métallique —, bien faites.

10.129.2. (= 10.128.2)

10.130.1. Dans son char Miθra Varugauyūti dispose de mille javelines à pointe coupante, bien faites.

10.130.2. (= 10.128.2)

10.130.3. Dans son char Miθra Varugauyūti dispose de mille disques de fer à deux pointes, bien faits.

10.130.4. (= 10.128.2)

10.131.1. Dans son char Miθra Varugauyūti dispose de mille couteaux à double fil, bien faits.

10.131.2. (= 10.128.2)

10.131.3. Dans son char Miθra Varugauyūti dispose de mille masses de métal, bien faites.

10.131.4. (= 10.128.2)

10.132.1. Dans son char Miθra Varugauyūti dispose du beau foudre[275] facile à manier,

---

sujets. Ici le cortège, en plus de Rašnu et de Cistā desquels les places y sont précisées, se composent aussi des dieux Upamāna, Ātr et Hvarnah, une énumération divine sans parallèle.

[272] Le feu rituel.

[273] Allégorie de la garantie que nous offrirent les Kavi de ne subir aucun manque de nourriture.

[274] Sans Spanta Manyu, c'est-à-dire: sans l'opinion que les adorateurs ont de Mazdā avec laquelle ils célèbrent des cérémonies sacrificielles et rendent un culte à Miθra, celui-ci ne pourrait manier utilement ses armes.

[275] Son unicité face aux autres qui sont à disposition par centaines et milliers met le vazra «le foudre» (traduction conventionnelle de la désignation

10.132.2. (= 10.96.2)

10.132.3. (= 10.128.2)

10.133. Après les coups donnés aux Daiva et la mise à mort des mortels qui nuisent à l'échange, Miθra Varugauyūti vole au delà d'Ārzahi et de Sāvahi[276], au delà de Frādatfšu[277] et de Vidatfšu, au delà de Varubr̥šti et Varujaršti, au delà de ce secteur-ci, le lumineux[278] Hvaniraθa,

[279]10.134.1. (Miθra) que craint aussitôt[280] Ahra Manyu coupable de nombreuses destructions;

10.134.2. (Miθra) que craint aussitôt, plein de mauvaises intentions, Išma au corps condamné;

10.134.3. (Miθra) que craint aussitôt Bušyanstā aux longues sales mains;

10.134.4. (Miθra) que craignent aussitôt tous les Daiva Mānyava et tous les drugvant Varaniya (que voici dire ceci:)

10.135.1. (= 10.98.1)

10.135.2. (= 10.98.2)

10.135.3. (= 10.98.3)

10.135.4-14. (= 10.4-6)

Chapitre XXXII

[Miθra œuvrant en faveur de l'homme sensé]

10.136.1. Nous offrons le sacrifice à Miθra Varugauyūti ... (= 10.7),

10.136.2. (à Miθra) pour qui deux coursiers rosâtres, aux os de gemme[281], lumière du monde, attelés à un char

---

de cette sorte de massue ; = védique *vájra*) en évidence au terme de ce catalogue pour en faire clairement l'arme par excellence de Miθra.

[276] À distinguer du génie agricole du même nom (voir la note concernant 8.0.12)?

[277] À distinguer du génie agricole du même nom (voir la note concernant 8.0.12)?

[278] Pour être celui où est installé le feu du sacrifice que nous offrons?

[279] Cf. 10.97.

[280] L'adverbe «aussitôt» me sert ici à rendre le ponctuel que l'avestique exprime au moyen de bādā (pehlevi be).

[281] Littéralement: «de pierre», mais la lecture du mot reste incertaine.

monocycle[282] tout en or[283] pour autant que les libations lui soient apportées à la résidence (qu'il a sur le terrain sacrificiel).

10.137.1. (Que ce soit) à volonté[284] — dit Ahura Mazdā —, ô r̥tavan Zaraduštra, pour l'homme sensé chez qui le zautar r̥tavan, expert en rituel qui a fait du Manθra (Spanta) son propre corps[285], une fois présenté le barsman[286], offre le sacrifice à Miθra!

10.137.2. (Que) justice (soit rendue) pour cet homme sensé < — dit Ahura Mazdā — >!

10.137.3. Miθra fréquente la résidence (de cet homme sensé) [287]si les prières lui sont adressées, en accord avec la définition qui figure dans le traité de rituel, en accord avec la définition qu'(en) donne l'(homme) sensé.

10.138. (Que ce soit) la déception — dit Ahura Mazdā —, ô r̥tavan Zaraduštra, pour l'homme <in>sensé chez qui le zautar non r̥tavan, inexpert, qui, à ne pas faire du Manθra (Spanta) son propre corps, [288]se tient avec le barsman caché

---

[282] Que ce char n'ait qu'une roue, ce peut aussi signifier que ne tourne ou n'avance que l'une de ses deux roues, l'autre restant fixe, éternelle, placée hors du temps linéaire et fini.

[283] Diurne.

[284] Uštā «à volonté!» est l'exclamation, reprise à l'ouverture de l'Uštavatī Gāθā, avec laquelle est décrite la condition bien enviable que connaît l'âme pieuse dans l'au-delà.

[285] Je ne sais comment interpréter au juste le fait que le Manθra Spanta vient à constituer le corps du zautar: celui-ci est-il entièrement dévoué corps et âme au contenu du Manθra Spanta au point de ne faire plus qu'un avec les textes dans l'accomplissement des séquences rituelles et d'arriver à une complète et exacte coïncidence de la pratique avec la théorie?

[286] Cf. 10.91.4, 11a.1.2.

[287] Traduction conjecturale du fait d'incertitudes grevant la finale casuelle de plusieurs mots.

[288] Traduction conjecturale. Il semble être fait allusion à des séquences rituelles exécutées en dépit du bon sens.

derrière lui pour effectuer les séquences rituelles de la présentation du barsman plein[289] et de la liturgie longue[290]!

10.139.1. Il ne donne satisfaction ni à Ahura Mazdā ni aux autres Amṛta Spanta ni à Miθra Varugauyūti,

10.139.2. à mépriser (Ahura) Mazdā, à mé(priser) les autres Amṛta Spanta, à mé(priser) Miθra Varugauyūti, à mé(priser) Dāta[291], Rašnu et Ṛštāt, la (déesse) qui permet la prospérité et l'accroissement des troupeaux.

10.139.3-13. (= 10.4-6)

Chapitre XXXIII
[Ancien chapitre de clôture?]

10.140.1. Nous offrons le sacrifice à Miθra Varugauyūti ... (= 10.7).

10.140.2. J'offre le sacrifice, ô descendant de Spitāma, au dieu vaillant, le Mānyava Miθra, (le dieu) primordial[292], miséricordieux, inéluctable[293], de qui la maison se trouve en haut, le puissant et vaillant guerrier.

10.141.1. (Miθra), pourvu de défenses, pourvu de l'arme bien forgée qui pointe les ténèbres, toujours en éveil, infaillible,

10.141.2. est le plus puissant des très puissants, le plus vaillant des très vaillants, le plus doté de grande intelligence parmi les Baga[294],

---

[289] Type de barsman dont la dimension ou la fabrication justifie cette épithète?

[290] La récitation de l'ensemble Yasna + Visprad + Vidēvdād ?

[291] Allégorie de la loi, le dieu Dāta, e. g. au vu du Y 1.7, remplace ou vaut Srauša. Il est vrai que le châtiment légal, la pénitence, sraušayā-, porte dans sa désignation le nom de Srauša.

[292] Lire agriya- et comprendre «qui se trouvait déjà là au début du temps linéaire»?

[293] Miθra est amaiθva: cette figure étymologique souligne que Miθra, déification de l'échange sacrificiel, ne peut être lui-même objet d'échange, que sa colère et sa miséricorde ne peuvent être modifiées.

[294] Ce titre de «guide», que reçut Ahura Mazdā pour avoir fixé le cours des astres, est employé, par extension, comme désignation des dieux en général, notamment dans les inscriptions achéménides.

10.141.3. (Miθra qui est) pourvu de défenses, pourvu de hvarnah, avec ses mille oreilles et dix mille yeux,

10.141.4. (= 10.24.3)

10.141.5-15. (= 10.4-6)

[Chapitres XXXIV-XXXV: Suppléments ?]

Chapitre XXXIV [Miθra lumineux]

10.142.1. Nous offrons le sacrifice à Miθra Varugauyūti ... (= 10.7),

10.142.2. (à Miθra) qui, le matin, [295]regarde les nombreux autels, pour être, parmi les dāman, le plus grand Yazata que Spanta Manyu mît bien en place,

10.142.3. (à Miθra) qui se fait briller le corps[296] comme (celui) de la Lune (brille) de sa propre lumière,

10.143.1. (à Miθra) de qui le visage brille comme (celui) de l'astre Tištriya,

10.143.2. (à Miθra) les (rênes) du char de qui, tenues sans erreur par (la déesse Ārti)[297], sont aussi nombreuses que les très beaux et lumineux dāman[298] (= aussi nombreuses que les rayons) du splendide Soleil[, ô descendant de Spitāma][299].

10.143.3. J'offre le sacrifice au (char) que l'instaurateur Spanta Manyu configura, que (Spanta) Manyu forgea orné d'étoiles[300],

10.143.4. (= 10.24.3) (pour le dieu Miθra) qui est opulent, omniscient et infaillible, au service de qui circulent dix mille espions.

---

[295] Traduction conjecturale du fait que le verbe est d'une lecture incertaine et que ses compléments peuvent s'interpréter de plusieurs façons différentes.

[296] Tanū «corps», même si, fondamentalement, il est abstrait ?

[297] L'aurige infaillible sur qui Miθra puisse compter peut être identifié sur base de 10.68.1.

[298] Cf. fragment H 2.9.3 du Hādōxt Nask.

[299] Ce vocatif qui n'a pas ici de place dénonce la provenance des phrases spécifiques de ce chapitre: elles devaient appartenir primitivement à un frašna.

[300] Cf. 10.90.1, 13.3.1, Y 9.26.1.

10.143.5-15. (= 10.4-6)

Chapitre XXXV [Miθra, le roi omniprésent]

10.144.1. (= Ny 2.11.1) Nous offrons le sacrifice à Miθra Varugauyūti ... (= 10.7).

10.144.2. (= Ny 2.11.2) [301]Nous offrons le sacrifice à Miθra qui est en route pour le pays. Nous offrons le sacrifice à Miθra qui est entre deux pays[302]. Nous offrons le sacrifice à Miθra qui est aux portes du pays. Nous offrons le sacrifice à Miθra qui est au dessus du pays. Nous offrons le sacrifice à Miθra qui est en dessous du pays. Nous offrons le sacrifice à Miθra qui est autour du pays. Nous offrons le sacrifice à Miθra qui est présent dans le pays.

10.145.1. (= Ny 2.12.1) [303]Nous offrons le sacrifice aux deux rois harmonieux[304] et affranchis du danger d'abandon,

---

[301] L'omniprésence de Miθra se concrétise par rapport à la nation à laquelle l'adorateur appartient: sept situations de Miθra par rapport au pays qu'habite la nation considérée sont énumérées selon le schéma 3 + 2 + 2. Pour d'autres schémas, voir 10.14.5, 10.15.

[302] Ou: «à l'intérieur du pays».

[303] Cf. Y 2.11.1.

[304] Contre les traductions médiévales qui ne voient ici qu'un seul et même dieu «Miθra seigneur grand qui est immortel et r̥tavan» et contre les analyses qui font de *bərəzaṇta* l'épithète d'un dvandva *miθra.ahura*, je reconnais dans *miθra ... bərəzaṇta* un dvandva de théonymes que le titre de «rois» (*ahura*) a éclaté. De ce point de vue, peut-être, mais aussi de celui de la métrique, l'ordre des mots, dans le Y, doit être meilleur: *ahura miθra.bərəzaṇta*, car l'ordre suivi par le Yt (ici et 10.113.1) et le Ny n'aboutit qu'à sept syllabes: en langue originale avec sandhi miθrāhurā br̥zantā. L'indication que les deux rois, Miθra et Br̥zant, sont r̥tavan sans doute signifie-t-elle non seulement qu'ils jouissent du même statut que les âmes des pieux défunts, mais aussi que la fonction divine de l'un s'agence parfaitement avec celle de l'autre. Cependant, cette complémentarité dans la fonction royale ne peut être précisée faute d'informations suffisantes concernant le dieu Br̥zant, le petit-fils des Rivières, qui fut assimilé à la source du Tigre. La mythologie comparée rapproche la figure proto-indo-iranienne du petit-fils des Rivières (véd. *apā́ṁ nápāt*) de celle de Neptune. Leur épithète

Miθra et Bṛzant, aux astres, à la Lune et au Soleil, sur les végétaux qui servent à la confection des barsman[305].

10.145.2. (= Ny 2.12.2) [306]Nous offrons le sacrifice à Miθra chef national de toutes les nations[307].

10.145.3-13. (= 10.4-6)

[10.146. Formules conclusives du Yašt]

10.146.1-2. (= 8.62.1-2, etc.)

10.146.3. Je propitie le sacrifice et le chant et l'ascendant et la rapidité des (dieux) Miθra Varugauyūti et Rāman Huvāstra.

10.146.4-13. (= 8.62.4-13, etc.)

---

d'affranchis du danger d'abandon fait référence à l'un des dangers qui guettent l'âme du défunt: celui qu'elle reste en arrière, sans possibilité d'accéder à la maison d'Ahura Mazdā, abandonnée aux démons. Les dieux appartiennent à l'existence définitive et non transitoire (ahu aθyajah), où ce type de danger n'existe donc pas. Quant à l'opportunité que le culte soit rendu conjointement aux deux rois divins, aux astres et aux plantes, elle nous échappe complètement. La situation de ce culte dans ce chapitre XXXV ne correspond probablement qu'à la volonté du diascévaste collectionneur d'y en réunir qui fussent à connotation politique: Miθra omniprésent dans les pays (10.144.2), Miθra roi (10.145.1), Miθra chef des nations (10.145.2).

[305] Le barsman, faisceau de branches, est un instrument typique du culte mazdéen zoroastrien avec lequel le prêtre effectue certains mouvements. Son nom dérive de √ *bars* «nouer». Ici, pour des raisons rituelles inconnues qui pourraient être celles de la cueillette, le sacrifice offert se déroulerait sur un tapis de branches de ces végétaux servant à la confection de tels instruments ou à l'endroit où il en pousse.

[306] Cf. Y 2.11.2.

[307] vispānām dahyūnām dahyupati-. Miθra est envisagé ici avec un titre proche de celui que se donnaient les Rois des Rois Achéménides: tandis que celui de Miθra est ici purement temporel ou politique, celui de Darius serait tout à la fois sacerdotal et politique, religieux et temporel (xšāyaθyah dahyūnām).

VARHRĀM YAŠT (Yt 14)

[1]**Onzième partie**[2]**: ici commence le culte rendu à Vr̥θragna.**

[14.0. Formules préliminaires]

14.0.1-2. (= 8.0.1-2, etc.)

14.0.3. [3]Que vienne aussitôt (sur les lieux du sacrifice que nous lui offrons) le victorieux Vr̥θragna qui, avec Ama[4] le bien forgé, frappe ceux qui professent une mauvaise opinion[5]!

14.0.4-16. (= 8.0.4-16, etc.)

14.0.17. [6]Avec l'attention réservée au (dieu) Vr̥θragna Ahuradāta («qu'Ahura (Mazdā) mit en place») et à la (déesse) Vanantī Uparatāt («victorieuse supériorité»).

14.0.18-19. (= 8.0.18-19, etc.)

[14.1-27. Les dix apparitions de Vr̥θragna]

Chapitre premier

14.1.1. (= 14.6.1, etc.) Nous offrons le sacrifice à Vr̥θragna Ahuradāta.

---

1 Rédigé en pehlevi.

2 Voir l'introduction, § 2.2.

3 Rédigé en pāzand.

4 Le dieu de la force offensive que la prononciation des textes sacrés confère aux mazdéens.

5 Il ne peut être déterminé si le pāzand *dušman*, qui reproduit l'avestique dušmanyu (*dušmańiiu-*), est à prendre comme premier terme d'un composé *dušman-zadār* «tueur de dušmanyu» et, dès lors, comme la possible désignation générale de ceux qui, professant une mauvaise opinion, sont les adversaires religieux ou s'il faut y reconnaître celle particulière d'un ennemi bien précis, humain ou divin, car un démon de ce nom, Dušmanyu, paraît être mentionné en 18.1.2 qui doit être identique à Ašyāva d'après 19.84.3 à moins qu'il faille nous tourner vers Pr̥tana, qui reçoit tout aussi bien cette épithète, en 14.57.4, si ce n'est que ce dernier, pour être, selon 19.87.1, l'ennemi de Vištāspa, est plutôt à identifier comme un être humain.

6 Le Sīh-rōzag et ses parallèles du Yasna mentionnent d'abord Ama, le bien forgé et bien développé.

14.1.2. (= 1.1.1, 14.6.2, etc.[7]) Zaraduštra demanda à Ahura Mazdā: Ahura Mazdā, toi qui, je pense, es le plus savant, toi qui situas le monde osseux, ô r̥tavan,

14.1.3. (= 14.6.3, etc.) (dis-moi :) qui est le plus armé des Yazata Mānyava[8]?

14.1.4. (= 8.58.1, 14.6.4, etc.) Alors Ahura Mazdā dit:

14.1.5. (= 14.6.5, etc.) (C'est) Vr̥θragna Ahuradāta, ô Zaraduštra descendant de Spitāma[9].

14.2.1. Quand, pour la première fois, Vr̥θragna Ahuradāta vint en char (= en volant) jusqu'à lui[10], ce fut sous la forme du (dieu) audacieux et beau Vāta[11] Mazdādāta.

14.2.2. [12]Le dieu Hvarnah Mazdādāta, (lui[13]) apportait le hvarnah mazdādāta, le remède et la force offensive (= l'impétuosité).

14.3.1. Alors le très impétueux lui[14] (dit):

14.3.2. Moi, je suis le plus offensif par l'impétuosité, [15]le plus défensif par les défenses, le plus pourvu de hvarnah par le hvarnah, le plus accompagné de demandes par les demandes, le

[7] Cf. 8.10.3, 10.73.3, etc.

[8] Parmi les Yazata, les uns sont des Gaiθiya «appartenant aux troupeaux, mondains», qui sont visibles tel le Soleil ou la Lune; les autres, des Mānyava «appartenant à l'opinion», qui, invisibles, sont la déification de notions abstraites.

[9] Spitāma est un lointain ancêtre de Zaraduštra. Le sens de cet anthroponyme reste inconnu.

[10] Jusqu'à Zaraduštra? Car l'hypothèse serait alors à formuler que, sur base de la troisième personne grammaticale du pronom, la phrase ne fût pas à mettre dans la bouche d'un Mazdā conversant avec Zaraduštra.

[11] Le dieu Vent (= védique *Vā́ta*).

[12] Traduction conjecturale du fait d'incertitudes syntaxiques.

[13] À Zaraduštra? Le texte, à reprendre haleine, semble envisager le hvarnah à la fois avec et sans déification.

[14] À Zaraduštra?

[15] Cf. 19.79.3.

plus doté d'acuité visuelle par la clarté[16], le plus guérisseur par les remèdes.

14.4. [17]Alors, je vais surmonter les maux que causent tous les nuisibles, les maux que causent les Daiva et (leurs suppôts) mortels, les Yātu et les Parīkā, les sātar, les kavi et les kr̥pan.

[Formules conclusives des chapitres du Varhrān Yašt]

14.5.1. (= 8.3.1, etc.) Avec sa richesse et son hvarnah.

14.5.2. Je lui offre le sacrifice audible, à Vr̥θragna Ahuradāta, avec les libations.

14.5.3. Nous offrons le sacrifice à Vr̥θragna Ahuradāta, [18]aux premières lois d'Ahura (Mazdā),

14.5.4. (= 8.3.4, etc.) avec le hauma coupé de lait, avec le barsman, avec l'adresse de la langue et le manθra, avec la parole et le geste, avec les libations et les paroles à réciter d'une diction rectiligne.

14.5.5. (= 8.3.5, etc.)

Chapitre II

14.6. (= 14.1)

14.7.1. Quand, pour la deuxième fois, Vr̥θragna Ahuradāta vint en char jusqu'à lui, ce fut sous la forme du [19]beau taureau au-dessus des cornes d'or[20] duquel montait la force offensive[21], bien forgée et bien développée.

---

[16] sauka masc. (= védique *śóka*). La notion est voisine de celle de l'état allumé du feu rituel que représente la déesse Saukā «flambée, incandescence».

[17] Est-ce Zaraduštra ou Vr̥θragna qui a la parole? Cf. 1.10, 5.13.1, 10.34.3, 13.33.2, Y 9.18.

[18] Réutilisation d'un vers archaïque (Y 46.15dd'). Autre possibilité: «Nous offrons le sacrifice à la force que possède le vers Y 46.15dd' de briser les obstacles».

[19] Cf. 8.16, 14.44.2.

[20] Traits apotropaïques.

[21] La force offensive ou impétuosité dont Ama est la personnification est celle des paroles sacrées que le poète a su forger. Elle est à l'image de l'impétuosité du jeune adulte bien développé que la nature a bien doté.

14.7.2. (Pour le reste,) Vr̥θragna Ahuradāta venait de la même manière[22].

14.7.3-7. (= 14.5)

Chapitre III

14.8. (= 14.1)

14.9.1. Quand, pour la troisième fois, Vr̥θragna Ahuradāta vint en char jusqu'à lui, ce fut sous la forme du [23]beau cheval rosâtre, aux oreilles jaunes et à la bride d'or[24], au-dessus du visage duquel montait la force offensive, bien forgée et bien développée.

14.9.2. (Pour le reste,) Vr̥θragna Ahuradāta venait de la même manière.

14.9.3-7. (= 14.5)

Chapitre IV

14.10. (= 14.1)

14.11. Quand, pour la quatrième fois, Vr̥θragna Ahuradāta vint en char jusqu'à lui, ce fut sous la forme du chameau en rut, qui mord, apte à la course, coursier qui trépigne, hirsute, [25]dont la peau sert de vêtement aux mortels,

14.12. (chameau) qui, des mâles capables d'éjaculer (= matures), montre la plus grande autorité[26] et la plus grande fougue[27], pour resplendir au milieu des femelles. Car les femelles sont bien protégées que le chameau en rut protège, avec ses puissantes pattes antérieures, ses bosses bien bombées,

---

[22] Cette dernière précision signifie que nous pouvons ici répéter les paragraphes 14.2.2 et 14.3-4.

[23] Cf. 8.18.

[24] Traits apotropaïques.

[25] Lecture incertaine (martiyavāhah) et traduction conjecturale: la précision chercherait à définir la race de chameaux. Autre possibilité, mais peu vraissemblable, en lisant martiyagāha: «qui dévore les mortels (suppôts des Daiva)».

[26] aujah «pouvoir, ascendant» (= védique *ójas*), force magique comme celle qui, se dégageant du rituel, permet à la divinité d'accomplir la prouesse attendue ou d'avoir le dessus sur l'adversaire.

[27] āmanaha «obsession, fixation, fougue» (cf. védique *ā́manas*).

son regard de cervidé dépourvu de bois, sa tête vive, riche, haut, impétueux,

14.13.1. (chameau) à la robe chatoyante, le <regard>[28] d'une acuité qui atteint au loin et brille au loin, même dans une nuit ténébreuse, qui se rejette de l'écume blanche sur le museau, avec de bons genoux et de bonnes pattes, qui garde autant d'assurance dans le regard que le dirigeant chargé d'exercer l'influence rituelle régulière (sur les dieux)[29].

14.13.2. (Pour le reste,) Vr̥θragna Ahuradāta venait de la même manière.

14.13.3-7. (= 14.5)

Chapitre V

14.14. (= 14.1)

14.15.1. Quand, pour la cinquième fois, Vr̥θragna Ahuradāta vint en char jusqu'à lui, ce fut sous la forme du [30]sanglier agressif aux dents pointues, verrat aux défenses pointues, capable de donner la mort d'un seul coup, duquel (l'adversaire) ne peut s'approcher s'il est furieux, face mouchetée, valeureux, combatif, qui harcèle (son adversaire).

14.15.2. (Pour le reste,) Vr̥θragna Ahuradāta venait de la même manière.

14.15.3-7. (= 14.5)

Chapitre VI

14.16. (= 14.1)

---

[28] D'après 10.107.4.

[29] Le xšaθra «emprise, influence» (= védique *kṣatrá*) est une force que le rituel dégage avec l'assentiment de la divinité et qui pousse cette dernière à œuvrer en faveur des adorateurs. Le dirigeant, qu'il soit maître de pays, roi, ou chef de tribu, de clan ou de famille, a dans ses prérogatives l'exercice à faire de cette force sur les dieux au profit du domaine qu'il régit. Dans le cas du roi, cet exercice, pour être de ses prérogatives, vient à se confondre avec sa fonction et, donc, avec le royaume. Le nom de l'Iran en est expliqué: pehlevi Ērān Šahr < vieil-iranien aryānām xšaθra «(domaine d'exercice de) l'influence rituelle (du roi au profit) des Arya».

[30] Cf. 10.70.2, 10.127.2.

14.17.1. Quand, pour la sixième fois, Vr̥θragna Ahuradāta vint en char jusqu'à lui, ce fut sous la forme de l'homme[31] âgé de quinze ans[32], splendide, le regard clair, les talons petits[33], beau.

14.17.2. (Pour le reste,) Vr̥θragna Ahuradāta venait de la même manière.

14.17.3-7. (= 14.5)

Chapitre VII

14.18. (= 14.1)

14.19. Quand, pour la septième fois, Vr̥θragna Ahuradāta vint en char jusqu'à lui, ce fut sous la forme de l'autour, l'oiseau[34] qui blesse sa victime par en-dessous et lui broie (les os) par au-dessus, qui a le vol le plus rapide et leste de ceux qui volent.

14.20. Il n'y a que lui pour rattraper le vol de la flèche, lui et nul autre[35], même si la flèche vole bien tirée, lui qui, dans son vol, se réjouit de la venue de l'aube[36], lui qui, à manquer du repas pour le soir, cherche de quoi manger le soir, lui qui, à manquer du repas pour le matin, cherche de quoi manger le matin.

14.21.1. Il passe en frôlant les endroits inaccessibles des sommets, en frôlant le haut des montagnes, en frôlant le fond des vallées, en frôlant la cime des arbres, à l'écoute du cri des passereaux.

---

[31] Ceci suppose l'existence, tout au moins théorique, de sacrifices humains. Cf. 8.13.

[32] L'âge de la puberté et de la pleine capacité reproductive, celui du yuvan. Ce mot, trop souvent traduit par «jeune», désigne celui qui est en condition optimale, celui qui est comme il faut: sa racine est celle du latin *ius dicere* «dire comment il faut que ce soit». L'homme dont Vr̥θragna revêt ici l'apparence partage la vigueur sexuelle et physique avec la plupart des animaux de la liste des dix apparitions.

[33] Signe de beauté?

[34] L'immolation sacrificielle d'oiseaux est documentée dans le *Véda*.

[35] Littéralement : «— est-ce lui ou non ? —».

[36] Ou: «lui qui, avec allégresse, vole à la rencontre de l'aube qui point».

14.21.2. (Pour le reste,) Vr̥θragna Ahuradāta venait de la même manière.

14.21.3-7. (= 14.5)

Chapitre VIII

14.22. (= 14.1)

14.23.1. Quand, pour la huitième fois, Vr̥θragna Ahuradāta vint en char jusqu'à lui, ce fut sous la forme du bélier sauvage, beau, dont les cornes sont des fourreaux[37].

14.23.2. (Pour le reste,) Vr̥θragna Ahuradāta venait de la même manière.

14.23.3-7. (= 14.5)

Chapitre IX

14.24. (= 14.1)

14.25.1. Quand, pour la neuvième fois, Vr̥θragna Ahuradāta vint en char jusqu'à lui, ce fut sous la forme du bouc, agressif, beau, aux cornes pointues.

14.25.2. (Pour le reste,) Vr̥θragna Ahuradāta venait de la même manière.

14.25.3-7. (= 14.5)

Chapitre X

14.26. (= 14.1)

14.27.1. Quand, pour la neuvième fois, Vr̥θragna Ahuradāta vint en char jusqu'à lui, ce fut sous la forme du héros, riche[38], beau, que Mazdā mit en place[39].

14.27.2. [40]Il portait le glaive ciselé d'or, tout orné de divers ornements.

---

[37] La remarque signifie peut-être que le bélier envisagé est d'une race qui se définit ainsi: ses cornes servent à faire des fourreaux pour certains outils tranchants.

[38] À moins que ce ne soit son nom: Raivant.

[39] Cette dernière remarque invite à penser que le héros en question est un être divin, mythique, mais ce n'est peut-être dû qu'à son statut paradigmatique. Sa richesse fera penser à l'indien *Revanta*.

[40] Voilà qui fait de ce héros un personnage comparable au *Khaḍgadhara* des *Purāṇa* ou du *Kathāsaritsāgara*.

14.27.2. (Pour le reste,) Vr̥θragna Ahuradāta venait de la même manière.

14.27.3-7. (= 14.5)

[14.28-33. L'acuité visuelle que Vr̥θragna octroya à Zaraduštra]

Chapitre XI

14.28.1. (= 14.1.1) Nous offrons le sacrifice à Vr̥θragna Ahuradāta,

14.28.2. (= 14.30.2, 14.32.2) (à Vr̥θragna) qui nous rend pubères, nous donne de l'âge et nous assure la rénovation[41], sur qui bonne influence a été exercée, qui a un bon accès au (Garah Dmāna[42]).

14.28.3. (= 14.30.3, 14.32.3) Le r̥tavan Zaraduštra lui offrit le sacrifice, afin que sa pensée[43] pût briser les obstacles (démoniaques), afin que sa parole pût briser les obstacles (démoniaques), afin que son geste pût briser les obstacles (démoniaques), afin que son fravāka[44] pût briser les obstacles (démoniaques), afin que son pativāka[45] pût briser les obstacles (démoniaques).

14.29.1. (= 14.31.1, 14.33.1) Vr̥θragna Ahuradāta lui octroya les sources du pénis[46], la force des bras, la fermeté de tout le corps[47], le charme de tout le corps et l'acuité visuelle[48]

---

[41] Vr̥θragna est ici présenté comme le génie de la vie, de la mort et de la résurrection. Le Dādestān ī Mēnōg ī Xrad 2.115 fait d'ailleurs de lui l'un des dieux psychopompes à côté de Srauša et du bon Vāyu. Or, dans un texte syriaque, Zarvan, le Temps, dont Vāyu est donné pour l'équivalent dans l'*Aogəmadaēcā*, est lui aussi présenté comme tel.

[42] «Maison du chant de bienvenue», nom du paradis.

[43] Pensée, parole et geste sont les trois niveaux du comportement rituel de l'adorateur.

[44] Nom d'une séquence liturgique: «énoncé».

[45] Nom d'une séquence liturgique: «répons».

[46] La puissance sexuelle.

[47] Ou: «la santé de toute la personne». Cf. 16.7.1.

[48] Les idées d'acuité visuelle et de luminosité des yeux se confondent: l'oeil brillant voit bien.

14.29.2. (= 16.7.2) dont jouit le kara[49] aquatique, poisson qui, depuis le fond de la Rahā[50] aux berges distantes, (eau) d'une profondeur de mille hommes (= dont la profondeur équivaut à la hauteur de mille hommes), remarque (à la superficie) une onde de la mesure d'un cheveu.

14.29.3-7. (= 14.5)

Chapitre XII

14.30. (= 14.28)

14.31.1. (= 14.29.1) Vr̥θragna Ahuradāta lui octroya les sources du pénis, la force des bras, la fermeté de tout le corps, le charme de tout le corps et l'acuité visuelle

14.31.2. (= 16.10.2) dont jouit l'étalon qui, par une nuit ténébreuse et noire comme lorsqu'il y a des nuages[51], arrive à voir un poil équin sur le sol et à distinguer si c'en est un de la crinière ou de la queue.

14.31.3-7. (= 14.5)

Chapitre XIII

14.32. (= 14.28)

14.33.1. (= 14.29.1) Vr̥θragna Ahuradāta lui octroya les sources du pénis, la force des bras, la fermeté de tout le corps, le charme de tout le corps et l'acuité visuelle

14.33.2. (= 16.13.2) dont jouit le vautour à collier d'or qui, depuis la neuvième nation[52], arrive à voir un morceau de viande de la grosseur du poing, acuité visuelle comparable à la brillance d'une aiguille brillante, à la pointe d'une aiguille[53].

14.33.3-7. (= 14.5)

---

[49] Animal mal identifié: cétacé?

[50] Le fleuve qui fait le tour du monde comme *Ōkeanós* dans la mythologie grecque. Depuis le fond, c'est-à-dire: depuis le lieu le plus éloigné à la verticale vers le bas.

[51] Malgré même de telles conditions adverses.

[52] C'est-à-dire: depuis le lieu le plus éloigné à l'horizontale. La quantité de neuf pays ou nations (dahyu) ne concorde pas avec celle qui est établie dans 13.143-144.

[53] Ou: «au chas d'une aiguille»?

[14.34-40. La protection que confère la plume de faucon]

Chapitre XIV

14.34.1. (= 14.1.1) Nous offrons le sacrifice à Vr̥θragna Ahuradāta.

14.34.2. (= 14.1.2) Zaraduštra demanda à Ahura Mazdā: Ahura Mazdā, toi qui, je pense, es le plus savant, toi qui situas le monde osseux, ô r̥tavan,

14.34.3. (dis-moi :) s'il se présente que les hommes nuisibles de multiples façons me jettent un sort [maudissent][54], que trouverai-je pour m'en guérir?

14.35.1. (= 14.1.4) Alors Ahura Mazdā dit :

14.35.2. Il te convient, Zaraduštra descendant de Spitāma, de prendre une plume de faucon, l'oiseau qui a le plumage bigarré.

14.35.3. Avec cette plume il te convient de te titiller le corps: cette plume te permettra de renvoyer contre ton adversaire sa propre malédiction.

14.36.1. L'homme qui porte sur lui les os de l'oiseau valeureux ou les plumes de l'oiseau valeureux, nul ne pourra ni frapper ni expulser ce riche mortel.

14.36.2. La foule lui rend hommage, lui apporte le hvarnah.

14.36.3. La plume de cet oiseau des oiseaux étend sur lui sa protection.

14.37. Le roi[55] des dirigeants, maître des nations[56], s'il ne se frotte pas (le corps avec cette plume), ne frappera non plus une centaine de héros ni même un seul. (En revanche,) ce (héros qui lui se frotte le corps avec cette plume), (le) frappera et (l')expulsera.

14.38.1. (Voici le manθra pour accompagner la plume:) Tous ceux qui sont sans observance me craignent et tous ceux qui professent une mauvaise opinion me craignent: mon corps porte la plume!

---

[54] Glose.

[55] ahura.

[56] Comme l'Achéménide, Roi des Rois.

14.38.2. Son rôle est de donner au corps élan et force de briser les obstacles.

14.39.1. Le (dieu Vr̥θragna) vers lequel se tournent les rois, se tournent les princes, se tournent les descendants de Husravah[57], vers lui (déjà) se tournait Kavi Usan[58],

14.39.2. (Vr̥θragna qui est la force) de l'étalon, du chameau en rut et de la rivière en crue (de briser les obstacles),

14.40.1. (Vr̥θragna qui fut la force) du valeureux Θrāitauna[59] (de briser les obstacles)

14.40.2. (= 19.37.1, Y 9.8.1) [60]quand, avec mille pouvoirs de purification, il frappa le serpent Dāhaka[61] aux trois gueules, trois sales têtes et six yeux,

14.40.3. (= 5.34.4, 9.14.3, 15.24.4, 17.34.4, 19.37.2, Y 9.8.2) (quand il frappa) Druj[62], la Daivī[63] au grand ascendant,

---

[57] Kavi Husravah est le roi paradigmatique de l'Avesta. Kavi Vištāspa, le roi qui offrit protection à Zaraduštra, descend de Kavi Husravah.

[58] Kavi Usan (ou: Kavi Usadan), premier des quatre petits-fils de Kavi Kavāta et grand-père de Kavi Husravah, est superposable à l'indien *Kāvyá Uśánan* (ou: *Uśánas-*) si ce n'est que ce dernier n'est pas roi.

[59] Héros guerrier de l'époque des premiers hommes, antérieur à la dynastie des Kavi, lorsque les nations étaient encore indifférenciées, Θrāitauna doit être comparable au *Tritá Āptyá* du *Véda*, mais le détail fait difficulté puisque ce dernier est plutôt un dieu et que le héros iranien, en dernière analyse, paraît bien porter un double patronyme, en graphie avestique *θraētaona- āθβiiāna-*, «descendant de Θritavan(a), descendant d'Āθpiya». Dans le *Véda*, *Tritá* aide *Índra* à tuer *Vr̥trá* ou est seul à le faire tandis que le meurtre de Dāhaka n'est jamais qu'un exploit parmi d'autres que le héros iranien eut à son actif et dont les paragraphes qui suivent ne citent que les trois principaux, les victoires remportées sur les trois êtres démoniaques les plus importants: Dāhaka, Druj, Ahra Manyu.

[60] Cf. 5.34.3.

[61] Ce serpent, auquel doivent être comparés tout à la fois les védiques *Vr̥trá* et *Viśvárūpa*, est le feu du mauvais rituel, tricéphale comme le feu du bon rituel (védique *agní- trimūrdhán-*) et comme la science sacerdotale (l'Avesta et le *Véda* sont tous deux faits de trois grandes parties).

14.40.4. (= 5.34.5, 9.14.4, 15.24.5, 17.34.5, 19.37.3, Y 9.8.3) (quand il frappa) Drugvant[64] qui faisait du mal aux troupeaux (accompagné qu'il était) de Druj, celle qui a le plus d'ascendant et qu'Ahra Manyu avait tout spécialement conçue à destination du monde osseux pour la destruction des troupeaux de Ṛta[65].

14.40.5-9. (= 14.5)

[14.41. Fragment]

Chapitre XV

14.41.1. (= 14.1.1) Nous offrons le sacrifice à Vṛθragna Ahuradāta,

14.41.2. à Vṛθragna qui, (pourvu du) hvarnah, entoure cette maison où les vaches apportent la prospérité, comme le grand Saina Mṛga[66] là-bas < ... >[67], comme [68]les nuages subaquatiques là-bas enchaînent les montagnes importantes.

14.41.3-7. (= 14.5)

[14.42-47. Le sacrifice à offrir à Vṛθragna avant le combat]

Chapitre XVI

14.42.1. (= 14.1.1) Nous offrons le sacrifice à Vṛθragna Ahuradāta.

---

[62] L'archidémone Druj «dysfonctionnement» (= védique *drúh-*) représente le principe contraire à Ṛta «bon agencement, harmonie».

[63] Les Daiva (au fém.: Daivī) sont les démons que l'impiété favorise.

[64] Drugvant «accompagné de Druj», antonyme de ṛtavan, sans doute n'est-ce ici qu'une désignation d'Ahra Manyu.

[65] Les troupeaux de l'harmonie = le monde des êtres mis en place par Ahura Mazdā.

[66] Le *Symry* de l'épopée persane et le *Garuḍa* de l'indienne.

[67] Le texte paraît incomplet, fragmentaire.

[68] Ce qui peut être compris de la suite paraît absurde, mais la mention des nuages pourrait être le fruit de la corruption d'un nom d'animal fantastique.

14.42.2. (14.1.2) Zaraduštra demanda à Ahura Mazdā: Ahura Mazdā, toi qui, je pense, es le plus savant, toi qui situas le monde osseux, ô r̥tavan,

14.42.3. (dis-moi :) en quelle circonstance l'invocation nominale[69] de Vr̥θragna Ahuradāta a-t-elle lieu (= est-elle opportune)? En quelle circonstance, (son) éloge préliminaire? En quelle circonstance, (son) éloge définitif?

14.43.1. (= 14.1.4) Alors Ahura Mazdā dit :

14.43.2. (C'est) lorsque deux armées se rencontrent, ô Zaraduštra descendant de Spitāma, chacune avec ses lignes disposées en ordre de bataille : (les mazdéens qui prononcent l'invocation nominale de Vr̥θragna, son éloge préliminaire et son éloge définitif,) emmenés, ils ne sont alors pas emmenés; frappés, ils ne sont alors pas frappés[70].

14.44.1. À toutes deux (armées) il convient de placer à distance les unes des autres les quatre plumes sur le chemin.

14.44.2. Celle des deux (armées) qui sacrifie en premier lieu à Ama le bien forgé et bien développé (tout comme) à Vr̥θragna Ahuradāta, ceux-ci la doteront de défenses, (pour autant qu'elle récite ce manθra:)

14.45. Je me propitie (les dieux) Ama et Vr̥θragna, (qu'ils me soient) deux protecteurs, deux défenseurs, deux préservateurs, (qu'ils soient tous les) deux à se démener de ce côté-ci (pour éloigner mes ennemis), (tous les) deux à se démener de tous côtés ou (tous les) deux à se démener de cet autre côté, (qu'ils soient tous les) deux à frotter de ce côté-ci (pour me laver des impuretés), (tous les) deux à frotter de tous côtés ou (tous les) deux à frotter de cet autre côté.

14.46.1. [71]Zaraduštra, ce manθra, il convient que tu ne l'enseignes à personne d'autre que ton fils nourricier, que ton

[69] L'invocation nominale, l'éloge préliminaire et l'éloge définitif sont trois séquences rituelles mal connues.

[70] Leurs ennemis, à s'y employer, ne pourront ni les emmener comme esclaves ni les tuer.

[71] Cf. 4.9.1.

frère germain ou que le prêtre possesseur de la triple[72] science (= un prêtre accompli).

14.46.2. Tels sont les mots puissants qui permettent d'enchaîner (les ennemis), puissants qui permettent de (les) défier, puissants qui permettent de briser les obstacles (qu'ils dressent), puissants qui permettent de guérir (les maux qu'ils nous infligent).

14.46.3. Tels sont les mots qui sauvent la tête déjà perdue, (les mots dont) les accents repoussent l'arme déjà brandie.

14.46.4-8. (= 14.5)

Chapitre XVII

14.47.1. (= 14.1.1) Nous offrons le sacrifice à Vr̥θragna Ahuradāta,

14.47.2. (à Vr̥θragna) qui rayonne entre les deux lignes disposées en ordre de bataille, qui va et vient (d'un côté à l'autre) demander (aux uns et aux autres) avec Miθra[73] et Rašnu :

14.47.3. Qui trompe Miθra[74]? Qui néglige Rašnu[75]? À qui vais-je destiner la maladie et la destruction, moi qui en suis capable[76]?

---

[72] Comme en Inde, où la *Trayī́ Vidyā́* se composait du *R̥gvedá*, du *Sāmavedá* et du *Yajurvedá* (l'*Atharvavedá* y sera ajouté ultérieurement), la science sacerdotale des Iraniens est triple avec l'Avesta divisé en trois grandes parties: les sept livres gâthiques, les sept livres liturgiques et les sept livres juridiques. La Triple Science védique et celle de l'Iran sont l'une comme l'autre le développement mythique d'une strophe de trois vers: la *Gāyatrī Sāvitrī* en Inde; l'Ahuna Variya en Iran.

[73] Le dieu Miθra («l'échange») et son acolyte Rašnu («le tracé rectiligne») qui tient la balance jugent les âmes des défunts sans nul doute en examinant quels rites ils accomplirent de leur vivant par le biais desquels des échanges purent avoir lieu entre les hommes et les dieux.

[74] Ou: «Qui compromet l'échange (que le sacrifice instaure ou organise entre les dieux et les hommes)?».

[75] Ou: «Qui ne prête pas attention à l'orientation (qu'il convient de donner au sacrifice de façon que sa force parvienne aux dieux)?».

[14.48-53. La vertu du sacrifice offert à Vr̥θragna]

14.48.1. (= 14.1.4) [77]Alors Ahura Mazdā dit :

14.48.2. [78]Si les mortels offrent le sacrifice à Vr̥θragna Ahuradāta (et le font) en accord avec le texte légal dans lequel se trouvent stipulées toutes les modalités légales du sacrifice et du chant sur base de l'harmonie excellente, dans ce cas, les nations aryā[79] n'auront plus à souffrir ni l'invasion de la horde (des Hainiyā[80]), ni l'inondation, ni la gale, ni la peste, ni le (passage des) char(s) de la horde[, ni] qui arbore un étendard.

14.49.1. À ce sujet, Zaraduštra lui fit cette question:

14.49.2. [81]À quoi donc, Ahura Mazdā, (puis-je reconnaître que) le sacrifice offert et le chant exécuté en honneur de Vr̥θragna Ahuradāta sont pleinement légaux et conformes à l'harmonie excellente?

14.50.1. (= 14.1.4) Alors Ahura Mazdā dit :

14.50.2. (= 8.58.2) Les nations aryā doivent exhiber pour lui les libations, les nations aryā doivent tenir pour lui le barsman, les nations aryā doivent cuire pour lui la victime rosâtre ou de couleur sang ou de n'importe quelle couleur unie.

---

[76] Cf. 10.108.2.

[77] Mauvaise combinaison textuelle: la réponse que Mazdā donne ici ne correspond pas aux questions que Vr̥θragna, Miθra et Rašnu posent aux combattants (tombés?). Un nouveau morceau de texte commence-t-il donc ici?

[78] Cf. 8.56, Y 68.7.1.

[79] Les nations iraniennes, littéralement: celles où la bonne obédience est de mise. Le mot vieil-iranien arya, dont le féminin est aryā, n'est pas parfaitement superposable au vieil-indien correspondant, védique *ā́rya-* (fém.: *ā́rī-*), qui, lui, bien évidemment se refère aux Indiens védiques, mais dans un emploi parallèle à *mā́nuṣa-* (fém.: *mā́nuṣī-*) «dont l'obédience religieuse fut instituée par *Mánu*».

[80] Tandis que les Fravr̥ti sont la déification des professions de foi ou engagements personnels des mazdéens zoroastriens, les Hainiyā «celles qui forment une horde», de sanguinaires démones, représentent les mauvais engagements des impies et l'absence de profession de foi mazdéenne zoroastrienne qui prévaut chez eux.

[81] Cf. 8.57.2.

14.51. (= 8.59) Que ni le marya ne prenne de portion de sa libation, ni la jahikā, ni celui qui ne met en marche (aucune cérémonie), qui ne récite pas les Gāθā, destructeur de l'existence (rituelle), adversaire de cette Dainā qui appartient aux adorateurs d'Ahura (Mazdā) et à Zaraduštra (= adversaire de la religion mazdéenne zoroastrienne)!

14.52. [82]Si le marya prenait une portion de sa libation, ou la jahikā, ou celui qui ne met en marche (aucune cérémonie), qui ne récite pas les Gāθā, destructeur de l'existence (rituelle), adversaire de cette Dainā qui appartient aux adorateurs d'Ahura (Mazdā) et à Zaraduštra, non seulement Vr̥θragna Ahuradāta échouerait avec le remède,

14.53.1. (= 8.61.1) mais encore les nations aryā souffriraient les inondations, encore les nations aryā verraient les hordes leur tomber dessus, encore les nations aryā seraient frappées

14.53.2. (= 8.61.2) de cent coups à (vouloir en donner) cinquante (à leurs adversaires), de mille coups à (vouloir leur en donner) cent, de dix mille coups à (vouloir leur en donner) mille, d'innombrables coups à (vouloir leur en donner) dix mille.

[14.54-56. Vr̥θragna contre les Daiva Viambura]

14.54.1. [83]Alors Vr̥θragna Ahuradāta proclama ceci :

14.54.2. On ne peut offrir le sacrifice et adresser le chant à l'âme de l'homme et à celle de la vache[84] Dāmidātā[85]

---

[82] Cf. 8.60.

[83] Cet «alors», qui reste en l'air, est le signe que nous abordons un nouveau fragment.

[84] gauš ruvan- «âme de la vache» est aussi le nom d'un dieu que le Sīh-rōzag, le livre des Trente Jours, associe à l'énigmatique déesse du Yašt 9, Druvāspā. Dans la cérémonie sacrificielle, l'âme de l'homme et celle de la vache ont des substituts: le hauma et le lait. Le dieu Gauš Ruvan représente sans doute le fait que l'âme de la vache puisse être remplacée par le lait au cours de la cérémonie et que, par ce biais, elle puisse fonctionner comme préfiguration ou symbole de la dainā à qui le ruvan de l'homme (nr̥š ruvan) s'unira sur le chemin de l'au-delà.

14.54.3. tant que les Daiva Viambura[86] (et) les mortels qui leur rendent un culte feront couler le sang et verseront de tels liquides (sur les victimes sacrificielles)[87],

14.55. tant que les Daiva Viambura (et) les mortels qui leur rendent un culte apporteront de ce végétal que l'on appelle la haparsī au feu, ce combustible que l'on appelle la namatkā[88],

14.56.1. tant que les Daiva Viambura (et) les mortels qui leur rendent un culte feront céder l'échine (des victimes sacrificielles), (leur) disloqueront le milieu, (leur) aligneront les membres —

14.56.2. [89]Ils paraissaient donner des coups, mais n'en donnaient aucun. Ils paraissaient arriver à leurs fins, mais n'y arrivaient pas —,

14.56.3. tant que les Daiva Viambura (et) les mortels qui leur rendent un culte (leur) boucheront les ouïes, leur révulseront les yeux.

14.56.4-8. (= 14.5)

[14.57-60. Quelques manθra]

Chapitre XVIII

14.57.1. (= 14.1.1) Nous offrons le sacrifice à Vr̥θragna Ahuradāta.

---

[85] «Celle que l'instaurateur (Ahura Mazdā) mit en place». Sur le nom <u>dāmi</u> du grand dieu, voir la note concernant 10.9.2.

[86] Si leur nom de <u>Viambura</u> (*viiāmbura-*) est formé du préverbe proto-indo-iranien **u̯í*, indicateur d'une disparition, et du dérivé en **-ura-* de proto-indo-iranien √ **ambh*, une racine mal connue que renferme aussi le mot védique *ámbhas-* «flot, eau», le sens pourrait en être «assécheur», ce qui renvoie à la figure mythique indienne de *Vr̥trá*, le démon qui bloque les rivières.

[87] Peut-être s'agit-il d'opérations rituelles néfastes ou effectuées dans un ordre néfaste. En outre, l'erreur phonétique pourrait être intentionnelle que montrent les mots qui expriment la dernière opération, ce qu'il est impossible de rendre dans la traduction.

[88] Plantes d'identification incertaine, classées comme néfastes ou démoniaques, employées ici en lieu et place du combustible requis.

[89] Traduction fort conjecturale d'autant plus que la portée ou le bon aloi de cette incise m'échappent complètement.

14.57.2. Je porte sur la tête le hauma à bauga[90], le briseur d'obstacles.

14.57.3. Je porte le (hauma) conservateur des Vahu[91], protecteur de la personne.

14.57.4. Je porte le hauma devant les chaînes duquel tremble (Pr̥tana), (le hauma qui,) au moyen de l'exclusion[92], (protège) contre Pr̥tana[93] qui professe une mauvaise opinion,

14.58.1. (= 14.60.2) (je porte le hauma) de façon à vaincre cette armée, de façon à enchaîner cette armée, de façon à exterminer cette armée que j'ai sur les talons.

14.58.2-6. (= 14.5)

Chapitre XIX

14.59.1. (= 14.1.1) Nous offrons le sacrifice à Vr̥θragna Ahuradāta.

14.59.2. Les fils princes myriarques portaient la pierre apparentée à l'ail[94].

14.59.3. Pourvu de force offensive est son[95] nom de «pourvu de force défensive» ; pourvu de force défensive est son nom de «pourvu de force offensive».

14.60.1. (= 5.69.3) Je (récite ces manθra) de façon à jouir d'une force défensive qui soit aussi importante que celles réunies de tous les autres Arya,

14.60.2. (= 14.58.1) de façon à vaincre cette armée, de façon à enchaîner cette armée, de façon à exterminer cette armée que j'ai sur les talons.

14.60.3-7. (= 14.5)

---

[90] Détail de l'aspect de la plante de hauma, le bauga pourrait être une sorte de disque similaire à celui que le naja forme avec les premières côtes de son corps dans le prolongement de sa tête (cf. sanscrit *bhoga-*).

[91] Les Vahu («les bons») sans doute sont-ils ici les textes ou d'autres biens immatériels.

[92] Le mot apayatī «au moyen de l'exclusion» est-il cité dans 15.43.2?

[93] Ennemi de Vištāspa selon 19.87.1.

[94] S'agit-il d'un talisman d'opaline?

[95] De qui?

[14.61-63. Divers]

Chapitre XX

14.61.1. (= 14.1.1) Nous offrons le sacrifice à Vr̥θragna Ahuradāta.

14.61.2. (= 14.64.2, etc. ; Y 27.13) L'(opinion) à laquelle (vous avez) à adhérer avec l'existence (rituelle) configure le modèle: sur base de R̥ta. (Dès lors,) exercez sur Ahura Mazdā (l'ascendant) et l'influence que, conjointement aux (paroles) et aux gestes, la pensée bonne donne à l'existence (rituelle) de façon que (cette influence) fasse de lui un pâtre au secours des indigents!

14.61.3. (= Y 10.20.1) Pour la vache[96], la force offensive! Pour la vache, l'hommage! Pour la vache, la parole! Pour la vache, la force défensive! Pour la vache, la nourriture! Pour la vache, le fourrage!

14.61.4. (= Y 10.20.2, 48.5dd') [97]Que soient exécutés (ces gestes) pour la vache! Ne néglige pas de la garder, que notre nourriture soit assurée!

14.61.5-9. (= 14.5).

Chapitre XXI

14.62.1. (= 14.1.1) Nous offrons le sacrifice à Vr̥θragna Ahuradāta,

14.62.2. (à Vr̥θragna) qui fait éclater les lignes, qui coupe les lignes, qui pulvérise les lignes, qui met les lignes sens dessus dessous [Celui qui fait éclater les lignes (ennemies), qui coupe les lignes, qui pulvérise les lignes, qui met les lignes sens dessus dessous, (c'est) Vr̥θragna Ahuradāta], (les lignes) [98]des Daiva et de (leurs suppôts) mortels, des Yātu et des Parīkā, des sātar, des kavi et des kr̥pan.

14.62.3-7. (= 14.5).

---

[96] Cette vache me paraît symboliser Dainā, la religion mazdéenne zoroastrienne.

[97] Citation vieil-avestique.

[98] Cf. 14.4.

Chapitre XXII

14.63.1. (= 14.1.1) Nous offrons le sacrifice à Vr̥θragna Ahuradāta.

14.63.2. Et quand Vr̥θragna Ahuradāta, des mortels qui corrompent l'échange, [99](aussi) avancées soient leurs lignes et préparés leurs guerriers, paralyse les sales[100] mains, entrave la sale vue, inonde de silence les sales oreilles, déstabilise les sales pieds, il n'y a de sa part aucune rémission (pour eux).

14.63.3-7. (= 14.5).

[14.64. Formules conclusives du Yašt]

14.64.1-2. (= 8.62.1-2, etc.)

14.64.3. Je propitie le sacrifice et le chant et l'ascendant et la rapidité du (dieu) Vr̥θragna Ahuradāta et de la (déesse) Vanantī Uparatāt.

14.64.4-13. (= 8.62.4-13)

---

[99] Traduction très conjecturale en raison d'incertitudes lexicales.

[100] Cf. 10.48.1. Pour les êtres connotés négativement, humains ou surnaturels, l'avestique recourt à un vocabulaire distinct de celui employé pour les dieux et les pieux adorateurs. Je rends ici ce phénomène appelé daivisme en affublant les mots concernés de l'adjectif «sale».

INDEX

Sauf indication, tous les mots repris, s'ils sont soulignés, sont vieil-iraniens et, s'ils sont en italiques, sont védiques ou sanscrits. La majuscule n'est donnée que pour les noms propres. Seuls les théonymes et les noms de démons sont affublés de l'indication de leur genre grammatical.

Le numéro 0 renvoie à l'introduction; les 8, 10 et 14, aux traductions des trois Yašt ; les renvois aux notes sont signalés par n.

621828 - Octobre 2015
Achevé d'imprimer par